U0138583

台灣脈動

TAIWAN
ON THE WAY

RHYTHMS MONTHLY

省道的逐夢與築路

經典

「大道」之行也，天下「唯功」？

西諺云：「條條道路通羅馬。」這是形容當時羅馬的繁榮與強盛，各方人馬都可以從四面八方來朝，所以這句話的用意不是在說道路有多方便，而是在說羅馬有多昌盛。

十餘年前的中國大陸，車行之處，不難看到路邊或牆上的大字標語：「要致富，先開路。」這是中國急於想富強，而開築道路正是國家發展經濟的必然，所謂「地盡其利，物盡其用，貨暢其流」，道路就是貨暢其流的平台通道。所以，這項標語的訴求重點就是「致富」，而開路只不過是致富的手段。

如果我們把西方「條條道路通羅馬」的諺語，與東方「要致富，先開路」的順口溜鎔鑄於一爐後，再提煉成：「條條道路通繁榮」，或許較可以一窺開路的動機與其最後想追求的目的了。

沒錯，如果把一個國家比作一有機體的話，道路就像一個國家的血管，負責將新陳代謝所需的養分運送全身，發揮生生不息的功能。大家都知道，血管遍布人體全身，是我們身體機能最忙碌的器官之一，它分分秒秒都在運輸著我們賴以維生的血液，它的脈動就象徵著生命的生息，而脈動的強弱急緩，就象徵著我們健康的品質與疾病的有無。

道路對於國家，正如血管對於我們的身體一樣，通常一個先天不足、後天失調的貧窮落後國家，都是由於道路未開，關山阻隔了交通，不便封閉了村落，國家發展的步調與脈搏的跳動緩慢了、微弱了，當然經濟也跟著落後了、停滯了。因此，任何一個想要有所作為的政府，都想方設法大興土木、大開道路，加速產業的連結與國家脈搏的跳動。

其實，開山闢路不一定是「強國富民」的萬靈丹。就像習武的人刻意想打通任、督二脈，並不一定就能讓武功突飛猛進一樣。適當地開路，固然有其必要性，但如果純粹為開路而開路，為圖眼前近利而開路，結果不僅山河大地受破壞，生態環境受威脅，甚至不該開的路開了，不該挖的山挖了，不僅會斲喪國家的元氣，斷送大自然的生機，就如同練武的人過度躁進，反而容易走火入魔，危及生命。

台灣的開拓史，無異是一部台灣的築路史。而每一條路的開發完成，又無異像一支強弓射出的利箭，將兩個或兩個以

上不同的地域，緊密地射穿在一起。就整體經濟發展來說，或許這是必要的善，但就敬畏大自然的正當性來說，這就是不必要的惡。

經典雜誌為對台灣主要幹道在台灣開發過程的功過，做一番巡禮與檢視，經過周詳的企畫，動員多位文字記者與攝影記者，不辭辛勞，跋山涉水，經過多年一步一腳印，抱持著苦行僧朝聖的心態，將十一條重要省道，做了全面的探究、檢視與完整的報導，從二〇〇六年起在《經典》陸續刊出，直到今(二〇〇八)年二月全部刊載完成。

現在，經典雜誌更進一步將兩年來對這十一條省道的報導做了彙集、補充、整理、設計與編排，完成了《台灣脈動》一書，這對想要了解台灣發展歷史的人，提供了非常寶貴的資料。人們說：「凡走過必留下痕跡」，事實上應該是「凡留下痕跡必走過」。書中尋跡覓史，當然還記錄了不少縣市鄉鎮珍貴而逐漸湮滅的耆宿口談心記的軼聞逸事。

台灣蕞爾小島，高山多，平原少，中央山脈縱貫南北，橫隔東西。不論從高空鳥瞰，或從海洋遠眺，台灣四周海岸碧藍，島上地形高低有致，林木翁鬱蒼翠，堪稱「美麗之島」而無愧。正因為台灣高山縱走南北，橫阻東西，所以自古以來，拓荒的先民，不斷為生機尋找出路，由出路中發展出生機。

諺云：「路是人走出來的。」的確，過去台灣古道，都是先民披荊斬棘，用雙腳來來回回，走出來的。如果我們有幸走在這些古道上，我們會驚訝於先民們的毅力與勇氣，他們用血汗走出了道路傳奇，用道路傳奇開創出生氣勃勃的生機。先民們不僅苦心地把路走出來了，也毫不含糊地把好山好水留下來了，他們走出了發展的艱辛，也留下了沿途生態的完整。

現代的人早已不說「路是人走出來的」了，他們會說：「路是開鑿、爆破、挖掘出來的。」不這樣說，似乎無法顯現「人定勝天」的神奇；不這樣說，也似乎無法形容政府的豐功偉績。事實上，現代的道路也確實是動用火藥的威力爆破與重型機械的堅牙利爪，對好山好水毫不留情面地開腸破肚而建築完成的，為了滿足人類的私慾，大自然無奈地付出慘重的代價了。

平心而論，如果確實為了發展所需，不得不為的鑿山開路，或許還情有可原，但如果只為了政治酬庸，只為了兌現對選民的承諾或標榜任期內的建設政績，為鑿山而鑿山，為開路而開路，讓好山好水傷痕累累，讓水脈不斷被斬斷，讓高山不斷被挖空，讓水土不斷被破壞，讓林木不斷被砍伐，讓青山不再綠，讓澗水不再藍，讓人與大自然不再貼近，那麼這樣的過錯與罪愆就不可原諒了。

我們當然了解：台灣經濟的快速成長，跟道路的開發密不可分，但我們更加了解：台灣近數十年來，土石流的日益嚴重，水資源的日益匱乏，生活環境的日益惡化，也與政府喜歡「逢山開路，遇河搭橋」的過度開發，有著因果循環的關

係。如果我們從空中俯瞰台灣的道路，說好聽一點，是縱橫交錯，星羅棋布，忙碌非凡。但說得難聽一點，台灣秀麗的面貌像被千割萬剖一樣，花容失色，面目全非。

儘管台灣的許多重要幹道曾為台灣創造了不少財富，也為台灣寫下了諸多豔麗風華，但相反地，台灣也有不少道路，像一刃利劍，長驅直入，直刺台灣地理的命脈，所經之處，重傷了不少鄉鎮的生息，摧殘了不少地方的人文根基。道路有時可以為偏遠鄉鎮或山區帶來經濟上的利益與交通上的便利，但也嚴酷地帶走他們祥和的寧靜與其賴以自豪的傳統人文。同時，許多偏遠鄉鎮與山區的年輕人因交通的便利而走出去了，留下的，除了稚子與老人的嘆息之外，就是一片了無生機的土地。

山區部落的繁盛不再了，小鎮的風光資源枯竭了，原住民的部族文化被重創了，悠久而彌足珍貴的傳統被瓦解了，神祕而浪漫的神話傳說被遺忘了，道路所經之處，大自然的資源被吸盡榨乾了，嘹亮歌聲響徹雲霄的樂土不見了，留下的就只有淒風與苦雨了。

究竟台灣還要不要藉口發展經濟之名，繼續開山築路？還要不要藉口繁榮地方，繼續對大自然予取予求？還要不要貪圖交通的一時之快，繼續對我們的山水摧枯拉朽地破壞？這些都是我們必須面對的真相，必須加以審慎地抉擇與靜心地省考的課題。

台灣只有一個，子孫必須繼續生息繁衍。台灣的美麗是上蒼給予台灣人民的恩賜，難道我們能無視於上蒼的這項恩典嗎？大自然的美麗風光與台灣各部族的文化得天獨厚，舉世罕有，這才是台灣取之不盡、用之不竭的最有價值的資源，難道我們身懷至寶而不自知，還要自毀珍稀嗎？沒有錯，台灣不能沒有道路，但台灣也不需要多餘的道路。

對於台灣十一條主要幹道，我們已做了一次徹頭徹尾的緬懷，而每條幹道對台灣的發展所做出的貢獻，我們也不吝給予謳歌與讚頌，但對於台灣的未來之路，究竟何去何從，我們也不得不呼籲所有聲稱愛台灣的人，要慎思明辨再三了。《台灣脈動》一書，或許可以做為我們省思的參考，而這些道路的功過與興衰，或許也是照見台灣未來的一面鏡子吧！

經典雜誌發行人　王瑞正

台灣上路

二○○○年的初春，經典雜誌的編輯洋洋灑灑寫了一篇台灣公路報導的企畫，當時出版界對台灣本土化的風潮仍是啟蒙，猶未鋪天蓋地，這位同事竟花了半年的時間才終告完成，最後他將這個報導下了一個〈統一台灣之路——台一線〉，令人怵目驚心而又莞爾一笑的標題。其實這是源於他採訪中研院施添福教授，引用其觀點：「清朝時，台灣其實是好幾個島，日本人修了縱貫公路，才把台灣變成一個島。」如果不做任何政治聯想，其實是滿貼切的標題。

從小通學時，我依著縱貫道往返住家與台北，直到高速公路出現後，縱貫道才不再是生命的重點。然而，我就像大多數台灣人一樣，對周遭並沒有真正探索的心，台灣歷史也沒去窮究，因為課本沒有，老師不教，考試不會考。台一線縱貫公路，就如同車窗外急速倒掠而去的光影，僅餘些許微弱記憶。

同事的這篇企畫，喚起了我的回憶，也喚醒我想對這條路的再認識。而事實上，這篇台一線的報導，並沒有想像中容易，經典雜誌的採訪者，如果單是面對台灣的歷史，必會惶惶然不知如何下筆。文稿完成後，我們雖大費周章地去尋找關於公路的古地圖與歷史照片來搭配，報導雖是完成，但卻也衍生了一個問題：想對台灣公路一系列地報導下去，一定得觸及台灣的發展歷史。我思索著也許《經典》應得先對台灣歷史有一系列的闡述。這樣的闡述，除了是對讀者，實際上也是對所有經典雜誌的採訪編輯同仁的再教育。

於是台一線的報導刊出後，反而加速了我們陸續對台灣歷史的系列報導，陸續結集成《發現南島》、《風中之葉》、《島與陸》、《赤日炎炎》與《台灣四百年：慈善、醫療、教育、人文》等專題與專書。

接下來，我們重新續寫公路，從台二線到最後的台二十六線竟是一路順暢，我們總共選擇報導了具代表性的十一條省道，而台一線令採訪者下筆為艱的窘境，也未再出現。究其原因，其實簡單，因為一條公路不是簡簡單單的公里數與地形描述，每一條公路總有其歷史背景，興建甚或中止修築的原因，從早期的經濟、國防、族群、到後期的生態、環保等綜合因素皆有。我們在雜誌的台灣之路專題的報導，實際上就是台灣區域的文明發展史。

從早期的「人定勝天」的思維、到「逢山開路、遇水搭橋」的實踐，公路是文明的指標；而如今的環保意識抬頭、重視生態平衡，公路反而被視為環境破壞的元凶。這種天壤之別，實際上也表現在《台灣脈動——省道的逐夢與築路》一書封面與封底照片的呈現上，某方面公路的使命已達到，而也期望由此更加強生態環境的保護，這才是台灣步入真正文明之林的開始！

經典雜誌總編輯　王志宏

台灣脈動

台灣

TAIWAN
ON THE WAY

省道的逐夢與築路

RHYTHMS MONTHLY

崎嶇行路

從空中俯瞰苗栗縣獅潭鄉，最能了解內山縱貫公路台三線所經
之處的地形特色。這裡曾經是漢番交界線，它書寫了族群動盪
的過往歷史，卻也保留了最多元的文化風貌。 (攝影/齊柏林)

深山隱谷

如同崇山峻嶺間傳奇的夫妻樹，新中橫台二十一線隱匿太多人所未
知的故事。夫妻樹原為兩株紅檜巨木，在一九六三年遭焚毀死亡，
僅剩枯枝殘存，而那些悽婉的傳說，也逐漸地淡去。　　(攝影／劉衍逸)

稜線星光

從霧社支線往合歡東峰望去，貨車穿行於全台最高的稜線路段
上，雲霧中的車燈彷彿是點點星光。肇因中部橫貫公路的封閉，
梨山地區的農產品多轉由霧社及宜蘭支線運送下山。　（攝影/劉衍逸）

暮色歸途

日落後的北部濱海公路台二線，山海美景沒入一片蒼茫，但九份的點點燈火適時亮起，爲它平添另一種韻味。從產業之路轉型成爲觀光大道，台二線盡情展現自己美的天賦。

(攝影/蕭耀華)

與時俱進台灣路

撰文／陳世慧

曾經，道路對台灣的原住民來說，是獵人追逐獵物的小徑、是氏族間相互探訪的道路、是祖先遷移的路線，更是婦女往返溪谷取水時，一步步踏踩出來的足跡。

直到漢人渡海來台，足跡由南而北、從西徂東，擴及整個島嶼後，台灣最初的道路，路況不但不足以讓牛車通行，所經河流也都沒有架橋，以致一經狂風暴雨，路線不但會偏移、改道，甚至，還會被荒煙蔓草所湮沒。

台灣道路的現代化，自日治始。殖民政府將清代官道與陸軍路拓寬連結為縱貫道，讓過往為湍急河水所阻、形同無數孤島的台灣，終於得到統一。

可惜的是，在二次大戰砲火的摧殘下，日人離台前夕，台灣的道路堪稱柔腸寸斷、全面陷入癱瘓。戰後初期，美援的大規模協助、公路局的奮發自強，不到十年，台灣第一條省道台一線，全線有了瀝青鋪面；到了第二與第三個十年，也即六〇、七〇年代間，台灣的地表，更誕生了首條的高速公路。

直到現在，台灣不但有路，還有很多路。根據公路局的統計，經濟發展的需求，讓台灣截至二〇〇七年底為止，共計有三十二條的省道、十四條的快速道路(亦以省道編號)、一百條的縣道、八條的高速公路(以上皆不含支線)，更別提不計其數的鄉道、產業道以及聯絡道等。

若把道路換算成公里數，同一時間內，台灣道路總長達兩萬一千多公里。其中高速公路近一千公里、省道約四千八百公里，縣道有三千三百多公里，鄉道將近一萬兩千公里，總和這些數字，台灣幾乎每一百平方公里，就存在約六十公里的道路。

立體、平面、交叉，快速、高速、外環，橫貫、縱貫，以及環島，密密麻麻的交通網，將台灣的地貌與天際線，切割成無數破碎的空間。有人開始質疑，台灣是否步上了「大公路主義」的後塵；狹小的台灣，脆弱的地質、水文，禁得起再三開腸破肚，不斷的挖掘與爆裂？

與此同時，東部台九線上的花蓮縣農民卻說，他們需要路，因為一到颱風天，吉安、壽豐、瑞穗等鄉的韭菜、龍鬚菜、鳳梨、文旦等，就因蘇花路段的坍崩，苦無對外的運輸道路；台二十六線未完成路段的台東達仁鄉等居民也附議，表示只有道路，才能將知本溫泉的泡湯客、恆春墾丁的衝浪者，一併帶到高失業、低所得的南田

與安朔。

從渴盼道路到懷疑道路，這漫長的旅程，原是台灣由篳路藍縷、發展經濟、篤信人定勝天，最後重啟思考，人與環境關係的人路歷程。但就在一個全新的公路與社會的關係，將在台灣數百年的公路史上形成時，城鄉的差距、懸殊的貧富，卻狠狠地敲了所有人一記，原來錯誤的政策累積的沉痾，終究會透過道路，清晰地浮現。

至此，從來就不單純只是工程問題的道路，再次讓人看到它所負載的多重意義。三百多年來，不管是活動於北台灣的西班牙人、從南台灣登陸的荷蘭人、或者是殖民台灣達五十年的日本人，道路之於台灣，是統治者統治的手段、政治力的延伸。而一九四五年後，台灣為了追求發展，道路又成了台灣人自身，意志力的堅決展現。

猶記得在台八線的中橫公路段，中央山脈的深處，上萬榮民開鑿出來人定勝天的神話，振奮過整個島嶼的人心。在西部濱海的台十七線上，原期待道路的貫通，能一改風頭水尾海口人落寞淒清的宿命，未料，那卻是庄腳青年離鄉難返的旅痕。

拋開這一切，對一般人的日常生活來說，儘管道路一如陽光、空氣、水，重要卻容易習而不察；但一旦沒了道路，上班、上學，吃、喝、玩、樂，連同人際的網絡，也將在一夕間瓦解。道路，主宰了國族的發展，構築了個人的生命；道路，是深入認識人類所有活動的一扇窗，一道輕掩的門。

因此書寫道路，就等同是書寫我們的島嶼；是記錄每一個生活在台灣的人，所有的奮鬥、拚搏、記憶與情感。為此，沒有一條道路是沒有故事、不值得書寫的；惟受篇幅所限，我們僅能選擇最具代表性的幾條道路，作為貼近台灣內在景觀的門與窗；它們是台灣道路分類系統中，既能連接以縣市為單位的行政區域，又能深入全台各鄉村的，包括縱貫、橫貫與環島等的，共計十一條的省道。

從西部最古老的〈台一線〉出發，踏上既是觀光大道、也是三座核能場所在的〈台二線〉，跨越內山斷層帶上的〈台三線〉、封山復育後的瘡痍中橫〈台八線〉，徘徊在〈台九線〉的洄瀾夢土、〈台七線〉的時光走廊、〈台十一線〉的後山後慢板快奏、〈台十七線〉搬演的台西風雲，穿越過漢、平埔、布農族間的〈台二十線〉、消隱於玉山之下的〈台二十一線〉，最後來到國境之南的未竟之路〈台二十六線〉。透過這十一條道路的逐步探訪，我們期待所有人，在閱讀台灣築路工程紀實的同時，也隨著路的款款搖擺，蜿蜒深入，台灣人一段段，摻雜著酸甜苦澀的逐夢故事。

紀錄的完成，是面對諸多議題的開始。而台灣的脈動能否依然活躍，將取決於未來，我們對道路的理解與態度。

西部縱貫公路台一線 ①

統一台灣之路

藉由跨越淡水河的忠孝橋，汽車迅速往來台北及三重兩地

誰能想像清領時期因河川阻隔，整個台灣彷彿被切割成好幾座獨立小島

至日本人占領台灣之後，第一條縱貫台灣的公路開始修築

這條最先將台灣「統一」的公路，成了今天既寬廣又平直的省道台一線

從台北出發，一路幾乎穿越西部平原所有的縣市，直到抵達終點屏東的楓港之前，台一線，這一條三百歲的道路，卻一點也嗅不出腐朽味。

先是起點附近，交錯的立體道路，直的是忠孝橋，通往三重；橫的是環河快速道路，朝景美、新店的方向延伸；在塞車或車少的時候，往左右邊遠眺，還會發現有中興橋、台北大橋、中山高速公路以及重陽橋等隨侍兩旁，一點都不孤單。

經忠孝橋過淡水河來到三重市後，這素以龍蛇雜處著稱的移民城市，期盼已久的捷運終於動工。工程沿線，熙來人往的人潮、車潮不免爭道，但生龍活虎的朝氣，卻蓬勃其中。

離開台北來到桃、竹、苗，除了前者擁

有全台規模數一數二、位在楊梅路段沿線的一整排貨櫃廠外，後者雖離新竹科學園區有點距離，卻是縣治所在的竹北市與新竹市區最熱鬧的道路之一；苗栗的通宵、苑裡一帶，離海最近，近到幾乎打開車窗，就能聞到海水的鹹味。

往台中，大甲的鎮瀾宮歲數與台一線堪稱比擬，卻也和它一樣，藉由每年的媽祖出巡，不斷展現著舊變新的超能力。在彰化，八卦山下的肉圓令人垂涎，田尾的花卉沿線飄香；在雲林，西螺的蔬菜、斗南的烏頭綠筍堪稱一絕；在嘉義，民雄的鵝肉馳名天下。

而後，台一線持續穿梭在嘉南平原的精華地段，只是光陰的遞嬗，讓原本傳統的農業地帶，已漸次轉換為農工混合，乃至完全工業化的地區。

台南縣治所在的新營，台一線在這裡叫做「工業路」；善化、新市自從有了南科園區進駐，身價不可同日而語。到了高雄縣市，台一線雖已近尾聲，卻見重重的水泥建築矗立，昭示著我們，已然來到了重工業的重鎮。

高雄市楠梓區的加工廠，左營區的木業、紙廠、化工廠，越過三民鬧區打橫往左轉，新舊並陳的老市鎮高雄縣的鳳山市，就在眼前；而自此，台一線又返璞歸真，最後終於以以農為主的屏東縣市作為尾聲。

就像琳琅滿目的台灣櫥窗，把台一線從頭到尾走一遍，台灣的現在與過往，彷彿盡映眼簾。但遠在數百年前，不要說想以一條路認識一座島了，在人煙稀少、台一線遠遠尚未浮現於台灣地表之前，只因有眾多東西向的河川切割，台灣，根本不像

① 日治初期，居民依然使用流籠渡河。背景的鐵橋，即清代大甲溪橋的原址。

如今，可以稱之為一個一統的社會。

「清朝的時候，台灣其實是好幾個島，日本人占領台灣之後，從南到北整修了縱貫公路，才把台灣變成一個島。」坐在研究室，中研院台史所的教授施添福，慢慢地描述台一線早年形成的過程。他表示，所謂縱貫公路，就是現今的台一線，從交通運輸的角度來看，自從高速公路、西濱快速道路、北二高陸續通車後，台一線不再像早年一樣，是台灣唯一擔負南北交通大動脈的道路，但如果將它放在三百年來台灣歷史發展的軌跡中，它除了編號第一之外，還有一項第一也是其他公路無法取代的，那就是——它堪稱是第一條，「統一」台灣的公路。

根據施教授的說法，台灣在清代之際，整座島被眾多東西向的河流切割成好幾塊，清朝政府既不鋪路也不架橋，也不是每一條河都有渡船，人們都要自行涉水過河。枯水期還好，溪水屢弱，河床裸露，過河並非難事；可是一旦碰上雨季來臨，溪水突然暴漲，水勢凶險，人們也只能望河興嘆。

彼時，從南到北，往往要花去月餘的功夫，在島內物資無法充分交流的情況下，台灣實屬無數個被河流隔開的生活圈。

公元一六九七年(康熙三十六年)，來台採硫的滿清官員郁永河，在他所寫的《裨海記遊》一書中，就曾經對渡河的驚險，有過生動的記載。那年的四月十日，他坐著牛車與隨行的數十位奴僕與平埔人，浩浩蕩蕩地抵達了西螺溪畔，準備渡溪繼續北上。

自台南府城出發以來，一路上渡過了無數的溪流，都不像西螺溪這般寬廣。時值雨季，山洪夾帶大量的黑土，水色異常混濁，加上水勢湍急，深不可測，連不怕水的黃牛在渡河時，都載浮載沉看似要滅頂的樣子。幸好平埔族人深諳水性，十幾個人左右泅水護持，一行人，才得以平安地渡過了西螺溪。

穿越千山萬水的「一條」路

西螺溪就是今天的濁水溪。三百多年後的今天，來到西螺鎮北的濁水溪畔，旱季的關係吧，近三公里的寬廣河床，三分之二的面積都成了沙洲；一半的沙洲，都被農民利用來種玉米、西瓜等作物。而郁永河當年渡溪的艱險，不但早被溪床上方的紅色大橋——西螺大橋給克服了，連大橋本身也因為逐漸老舊，在修復之後，除了限制大貨車通行外，公路局還

【台一線小檔案】

位　　置：起點台北市忠孝橋，貫穿台灣西部平原，以屏東的楓港為終點。

長　　度：總長464.693公里

歷史源流：清代起以「官道」之名存在，日治時經日人整修，成為台灣第一條貫穿南北的道路。二次大戰時為砲火摧殘，近乎癱瘓，經美援協助，在公路局矢志恢復交通下，於五〇年代初全線修復，並加以鋪設柏油路面。

特　　色：除了桃園一帶是台地，苗栗通宵、苑裡等靠海岸外，其餘皆為台灣最富庶的西部平原。但目前農村景象所剩無多。

在其側另外興建了一座「新西螺大橋」，與拓寬成外環道路的台一線相銜接起來。

但遠在舊西螺大橋完成前，台一線的交通受阻於濁水溪缺口，常常必須繞道草屯、集集、斗南等三角地帶，台灣南北交通形同中斷。

現今住在西螺鎮上的魏嘉亨先生回憶道：「我祖父在清末民初時是名醫，他的病人在濁水溪北岸不多，但霧峰有，我猜他就是繞道集集、草屯去的；我父親也是醫生，他的病人北岸比較多，可能跟濁水溪義渡已設有關；民國三十七年，我哥哥到台中讀書，得先坐台糖小火車到虎尾，再到斗南轉坐鐵路到台中。」

魏先生雖未提到台一線，但他娓娓道來一家三代在不同的時代，為了過濁水溪這條河，所採取的交通方式，感覺上，就好像是台灣交通的一個局部縮影。

事實上，除了是局部的縮影外，它也幾乎是當時台灣交通，一個全面的反映。一是台灣的開發，長久來都以西部為主，二是，除了濁水溪外，同樣的情形，在中港溪、大甲溪、大肚溪、虎尾溪、牛稠溪或八掌溪、急水溪、曾文溪等，在過去的三百多年中，都曾不斷地發生。

話說回來，台灣的河川在清代雖然造成南北交通的阻礙，但也提供了便利的東西向水路運輸。

當時貨物的集中地，多在水運發達的河港，諸如稻米、蔗糖等農產品，都用扁擔挑運或用牛車載送到港口，再由行駛海峽兩岸的帆船運往大陸，換取台灣沒有的日常生活用品回來。

是以從漢人屯墾的聚落，通往各河港的眾多東西向道路，反而是有清一代的台灣，一般百姓的主要經濟命脈。

不過，這卻不表示，清代時的台灣，沒有南北向的道路。因為要真沒有的話，也不會有後來台一線的存在。

官道的形成

現今台北故宮博物院典藏了一幅長軸的《乾隆台灣輿圖》，輿圖上有一條貫通台灣南北的軸線，雖然我們不能以現代的觀念說，那就是一條縱貫南北的道路，但在清廷統轄台灣時，確實是以台灣府(今台南市)為中心，以北有以平埔聚落分散的據點為基礎的北路，以南有將各個軍團營盤聯繫起來的南路。

只是，不管是「南路」或是「北路」，都很難界定它們指的是一條道路，還是指所涵蓋的周邊地區。換句話說，在滿清的官員和當時一般百姓的觀念裡，「一條」長跨縱貫南北的具體道路的想法，其實是尚未形成的。

但隨著清帝國的統治拼圖，先後在一六八〇年代末期，加上台灣府以北的雲林、以南的高雄和屏東，一七三〇年代補上彰化，一八一〇年代嵌入宜蘭；到了一八七〇年代牡丹社事件後，花東地區與恆春半島也一併鑲齊後，這樣的情況，無疑有了改變。

在當時以台灣府為全台中心、南北各設有縣治的情況下，台南與南北各縣治之間的公文傳遞、調兵遣將等例行公事，自然不可避免，也因此，一條以政治和軍事目的為主的官道，就慢慢地浮現。

《乾隆台灣輿圖》上的南北路線，正是那一條官道。相對於一般百姓走得多是東西向的道路，官道大部分都是鋪遞的通信兵

【十九世紀中葉台灣水運系統】

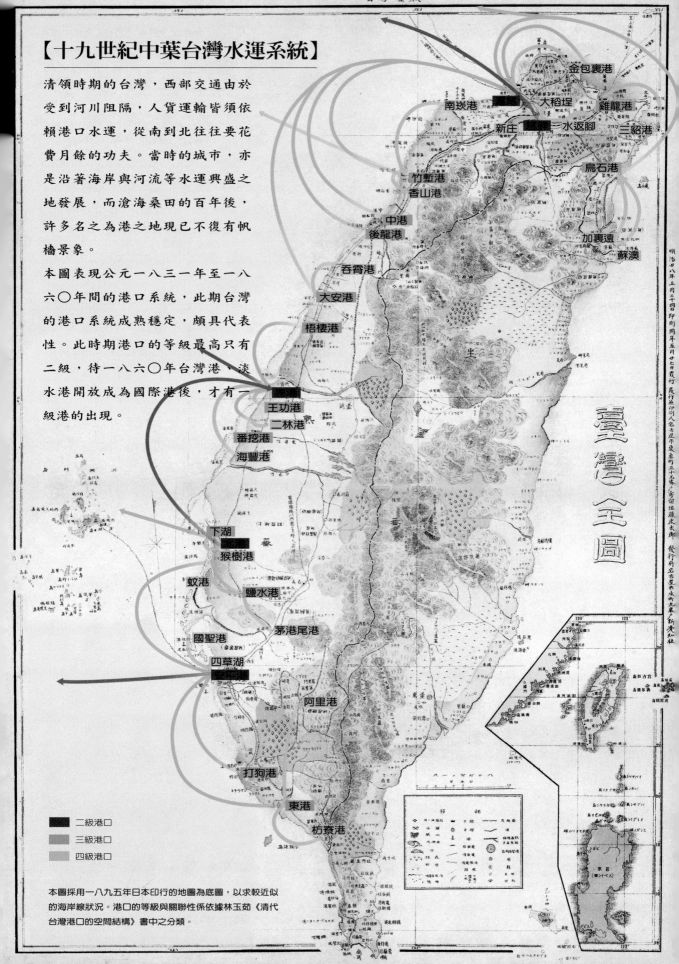

清領時期的台灣，西部交通由於受到河川阻隔，人貨運輸皆須依賴港口水運，從南到北往往要花費月餘的功夫。當時的城市，亦是沿著海岸與河流等水運興盛之地發展，而滄海桑田的百年後，許多名之為港之地現已不復有帆檣景象。

本圖表現公元一八三一年至一八六○年間的港口系統，此期台灣的港口系統成熟穩定，頗具代表性。此時期港口的等級最高只有二級，待一八六○年台灣港、淡水港開放成為國際港後，才有一級港的出現。

南崁港
新庄
竹塹港
香山港
中港
後龍港
吞霄港
大安港
梧棲港
王功港
二林港
番挖港
海豐港
下湖
猴樹港
蚊港
鹽水港
茅港尾港
國聖港（臺星港）
四草湖
阿里港
打狗港
東港
枋寮港

金包裏港
大稻埕
水返腳
雞籠港
三貂港
烏石港
加裏遠
蘇澳

- ■ 二級港口
- ■ 三級港口
- □ 四級港口

本圖採用一八九五年日本印行的地圖為底圖，以求較近似的海岸線狀況。港口的等級與關聯性係依據林玉茹《清代台灣港口的空間結構》書中之分類。

臺灣全圖

往來送信，以及每年得在固定時間出巡的官員在使用。

不過，可別就這樣以為，官道能有多氣派寬廣；相反的，受限於使用的人不多，一旦狂風驟雨襲擊，路線總會不時地偏移、改道，甚至被荒野蔓草所湮沒。特別在朱一貴與林爽文事件發生後，清廷認為台灣只有內憂沒有外患，為了不讓叛賊在作亂時迅速逃逸，乾脆既不架橋也不修路，這一來，官道的某些路段，更是比一般小徑還不如了。

遠去的平埔身影

但再怎麼說，官道畢竟是清廷官員們出巡時的必經之路，在官舍和官舍之間，為了讓他們在抵達目的地之前，有地方可以落腳歇息，沿途的平埔族聚落，便成了官道上的重要據點，而擅於水性的平埔人，也成了幫忙渡河、抬轎、扛行李等勞務的主力。

當年郁永河從台南出發，一路上就是多虧平埔族的幫忙，才能平安抵達北投。然而找遍當時的官道，也就是今天的台一線沿線上平埔人的身影，卻怎樣也找不著。

拿《裨海記遊》裡提到過的新港社來說，對於這個郁永河第一次造訪的平埔聚落，他曾因為驚訝於它的潔淨，而說道：「嘉木陰森，屋宇完潔，不減內地村落」。為了這點，他還替平埔族人打抱不平地說：「孰謂番人鄙陋？人言寧足信乎？」

當年的新港社，就是今天台一線上的台南縣新市鄉。這個原本半工半農的小鄉鎮，近十年來，因南部科學園區的進駐，

一下子吸引了所有人的目光。除了占地千頃的園區，多出的五萬多工作人口，帶來的商機，讓許多外地人來此投資開餐廳、旅社外，連帶地，地方的房價、地價，也直追台南市的市中心。

一九四一年根據日本人的調查，當時還有十八戶的平埔族人，四十二名男性，四十一名女性，就住在新市裡的新店地區裡。他們大多是佃農或領日薪的傭工，農閒時或到台南街市販賣木材，或到外地工作賺錢。

但當我們循線來到早年十八戶平埔族人居住的地方，一眼看去，才發現這裡是個很平常的小巷道；打聽之下，沒有任何人知道，當年住在這兒的平埔族下落。

「這裡的平埔族，因為離台灣府近，所以漢化得也早；但除了漢化之外，最主要是漢人多了之後，迫於無奈，他們也只好往山區的方向遷移。」新市鄉鄉長鄭枝南，同時兼有文史工作者的身分，他表示，現在要在台一線上尋找平埔人的身影，已經難上加難，至少在台南路段上，就只有兩條名為「目加溜灣大道」和「西拉雅大道」的東西向縣道，分別在新市和善化的境內，與台一線相接。

「但那也只是為了紀念而已。」鄭鄉長表示，平埔人當年的辛酸，至少有一半的原因，間接與官道有關。

按理說，就現代的眼光來看，道路能經過自家門前，是多少人求之不得的事；但至少是在清代，官道的開發，卻是沿線平埔人痛苦的開始。

除了上述的渡河、抬轎、扛行李外，當

台灣南北大溪無數，清代造橋鋪路尚不普遍，十八世紀中葉繪製的《番社采風圖》中的「渡溪」，描繪土官、通事乘竹筏，平埔族人浮水推筏渡溪的情景。

渡溪
諸邑目加留灣麻豆等
社土目通事過霖雨過
溪多番浮水乘筏而渡

百年築路 一九三九年，新高港（台中港）築港開工典禮，清水縱貫路氣氛熱烈（上圖）。一九三二年，大甲郡沙鹿庄動員男女老少，修築豐原至清水間的產業道路（下圖）。

楊梅驛前，裝著豬仔的竹籠擺置路邊等待汽車運送（上圖）。台中州員林郡的西瓜檢驗所情景（下圖）。日治時期修築完成的縱貫道，串連台灣南北的各式物產。

時平埔人的勞役，還包括原本該是通信兵所做的遞送信件；此外每逢地方官員巡視、欽差大臣從大陸來台巡訪，平埔族除了被課以勞務外，各種名義的稅捐，也都逃不了。

一七三一年（雍正九年），正是這樣繁重的勞役，讓以大甲社為首的平埔人，終於忍無可忍，一把火燒了淡水廳衙門。在那之後，中部地區的官道上，連同南大肚、水裡、沙轆、牛罵等其他番社，幾乎都起而呼應。

「番人造反了」，這件事在當年帶給滿清政府極大的震撼，感受到事件背後平埔人壓抑已久的怨氣，官方終於在一七五二年，擬定禁止強求勞役的「弛禁累番」一案。這個政策的出現，除了是清代台灣的路政史上，一個前所未有的里程碑外，對於平埔人而言，也意謂著他們，終於可以得到比較公平的待遇。

動員百姓齊造陸軍路

但就像後來歷史的發展，單一路政的改善，並不足以改變平埔族人在政、經等各方面普遍的弱勢。於是猶如老天爺刻意的安排，平埔族這種在異族統治下，就算不情願也得提供勞役的無可奈何，在日本人占領台灣之後，要求獻土、獻金、又獻力以修築道路的情況下，台灣人也深刻地體會到了。

當日本在占領台灣不久後，為求軍事交通上的順利，便先動用了軍隊的力量，將清領時期用腳踩踏出來的羊腸小徑，加以拓寬成軍用道路，一路從基隆一直修築到屏東。

起初，這條路只求能通行，並未建橋梁，路面也沒有鋪砂石，工程極為簡陋。直到一九一六年，日人將這條全長四百六十一點七公里的道路，定名為「縱貫道」，並制訂路幅的標準，必須達到平地十四點五四公尺、山地十點九一公尺，橋梁五點四五公尺以上，並開始逐年分段施工，台一線，才算是打下基礎，台灣第一條具有「公路」雛形的南北縱貫道，也才算真正地形成。

當年日人修築縱貫道的情形，透過訪查，我們找到了一九一四年出生、住在苗栗後龍鎮的耆老林陳榮地。他記得從竹南經過通宵到苑裡的這段縱貫道，是從公元一九二三年（大正十二年）開始修築的。

林老先生說，縱貫道還沒整理前，從基隆到屏東已經有一條南北相通的路，可是路況相當差：「說是路又不像是路，說不是路也不對，過溪不是用竹筏就是用石頭鋪在河床上過去。大約一九〇六年，後龍街上有一支扁擔部隊，有三百多支扁擔，專門幫人挑貨。」

後來縱貫道按照日人規定的路幅標準開始施工，日人透過每個地方的保正（相當今天的里長）徵召義務勞工，一人負責一小段。當時修路都是先用大石頭做路基，小石頭再鋪上去，這些石頭都從溪床或田裡撿來的，整條路，就這樣一段一段慢慢連接起來。

當時台灣的社會條件，其實用不著這麼大的一條路，大家百思不解之餘，暗地裡嘲諷地說：「日本鬼子開這麼大條的路要

一九五四年九月，台一線完成全線灌入式柏油路面的鋪設，通車典禮上，萬人空巷（右上）。五〇年代農復會拍攝的台北市中山忠孝路口，這裡是台一線等四條省道的起點（右下）。

給誰走？」而且民間還普遍流傳說，日本人之所以開這條路，是為了每年春秋兩季南北行軍之用，」林老先生補充：「當時大家都把這條路叫做『陸軍路』，又叫『相殺路』，意思就是，要讓軍隊打仗使用的。」

縱貫公路是日人繼一九〇八年完成基隆到高雄的縱貫鐵路後，另一條貫通台灣南北的重要交通建設，施添福教授說：「由於縱貫線的完成，使基隆高雄兩大港連接起來，島內的物資可以迅速地運送到港口，運輸量增加，成本降低，產品在國際上自然就有競爭力。」

大戰後浴火重生

只是以今天的標準而言，當時的台一線，其實還是十分簡陋。特別是在二次大戰後，在美軍密集的空襲下，日本人離台前夕，台灣的道路，幾乎滿目瘡痍，全面陷入癱瘓。

幸好，從一九五二年起，在美國物資與金錢的雙重援助下，公路局矢志恢復全島交通，先是將過去日本人所留下來的碎石路面，鋪設灌入式瀝青，又從一九六〇年起，擬定超過十年的長期計畫，逐年加以拓寬、翻修、改建橋梁、加建慢車道等，台一線，才慢慢恢復元氣，化身為我們今天所看到的模樣。

據公路局總工程司的林嘉典先生說：「早年台一線還沒有鋪柏油時，碎石子路斷斷續續，開車從高雄到台北，要花上十五個鐘頭。直到一九五四年九月，全線完成灌入式柏油路面的鋪設，台一線，才成了台灣第一條全線鋪有柏油路面的公路。」

就在那段整修的過程中，台一線改變的腳步，幾乎和台灣的發展亦步亦趨。最明顯的是，當台一線逐年拓寬，沿途的地貌，也在不知不覺中，配合著台灣產業的轉型而改變。過去，台一線除了桃園的林口、龜山一帶是台地，苗栗的後龍、通宵靠海岸外，其餘路段通過的，幾乎是台灣最富庶的西部平原。但自從台灣亟欲從戰後擺脫貧困，力圖打拼經濟後，不管是台地、海岸或平原，原本綠油油的農田景觀，都或多或少，被鉛灰色的工業區，一塊一塊地取代。

根據行政院主計處所統計的資料，在台灣產業的發展進程中，早在五〇年代，工業區的分布還較為零星。但到了六〇年代，由北而南，三重、新莊、桃園等，以製造業居多；新竹、苗栗多半是食品業；台中、彰化、雲林、嘉義、台南等地素來是台灣的米倉，除了既有的畜牧及農業外，輕工業也慢慢起步；至於高雄地區就更不用說了，就像最前面提到過的，早在日治時期，日人為了想將殖民勢力擴及至東南亞，便有計畫性地以它作為工業發展的基地，到了國民政府來台後，更陸續興建大型造船廠、煉鋼廠、石化廠，確立了高雄重工業重鎮的形象。

這當中，又以大城北端的楠梓加工出口區，與台一線的關係最為密切。

楠梓是台灣繼高雄之後，全台的第二個加工出口區，在台灣財政困難、外匯短缺、人口遽增、失業率偏高的六〇年代，當時政府掌握了歐、美、日等工業化國家製造業開始外移的時機，藉由「外國投資

---

① 一九五三年完工的西螺大橋，在當時號稱遠東第一大鐵橋，現因橋身老舊，已限制大貨車通行(右上)。位在濁水溪南岸的西螺鎮，是台灣重要的蔬果集散地(右下)。

① 台一線通車後，成為台灣的經濟命脈，南北貨物藉由台一線才能貨暢其流。至今還流傳著當時運送家禽家畜的卡車司機，只要每超車一次，老闆就給錢獎勵的趣事。

人條例」、「華僑回國投資條例」及「獎勵投資條例」等優惠方式，不但吸引了大筆僑外資金，也促進了台灣工業的起步。

在台灣，年紀四十多歲以上的人，應該都有這樣的印象：在加工出口區的代工量達到顛峰的年代，出口區廠房的大門，每到上下班時間，數不清的女工，總是騎著腳踏車，密密麻麻地從廠區湧出、湧進。而她們所完成的產品，除了透過高雄港運送往國外，其餘幾乎都是透過台一線，擔任主要的運輸角色。

與台灣經濟一同起飛

那時，不只楠梓加工區對台一線深為倚賴，從台一線由南往北走一回，就會知道在那段時間，沿線的許多工廠、工業區，與台一線有多麼唇齒相依。除了高雄縣市之外，台南縣新市鄉的邱永漢工業區、善化鎮的肉品市場、成功啤酒廠，在沒有其他主要幹道的年代，台一線是它們對外的唯一出口。

不只如此，矗立在台一線旁的嘉義民雄工業區，是以農為主的縣境內，少數的稍大型工業區；來到雲林縣市，當時還沒有彰濱工業區，台一線上所運送的，多半是地方農產。

而與西螺只隔著濁水溪的彰化縣溪洲鄉，最近雖為了新西螺大橋該不該改名為「溪洲大橋」，而與西螺鎮民迭有齟齬，卻仍不得不與西螺共享台一線，將芭樂、蔗糖等農產輸送至全島各地。

彰化縣花壇的金敦米、台中縣大甲的福壽平安米，連同向來以文化著稱的清水鎮，美味可口的韭黃和苦瓜，在高速公路興建以前，都只能倚賴台一線。

苗栗後龍的花生、苑裡的洋菇、頭份的米粉，新竹縣竹北市的貢丸、新豐的剝皮辣椒，以及桃園縣楊梅的花卉、中壢市的花生糖，在六〇至七〇年代間，台一線就像是個流動的大型倉庫，將全台灣各地豐富的物產，南來北往地充分交流。

曾經在桃園幼獅工業區裡一家紡織廠工作的李金生說，幼獅工業區所在的楊梅，原本以畜牧業為主，也種茶，到了六〇年代末，當時的總統蔣經國為了幫助青年創業，便於一九六九年的十月，指示籌設幼獅工業區。

當時只是名小工的他，每天都有忙不完的工作。「可是另一方面，我家原本是養牛的，所以偶爾還是得偷溜回家，看農場裡的牛，牛奶擠得怎麼樣了。」

今年已經七十幾歲的李先生，早就從工廠退休，卻還記得，「那時候，也不只我一個人這樣，這邊忙採茶，那邊忙放牛，另一邊卻又目送著貨櫃車，裝好貨物後一輛輛開上台一線，這種情形，在當時的工業區裡是常有的事。」

在楊梅，幼獅、大興、高山頂段、下陰影等工業區，不僅為這個原本務農的小鎮，帶來了無數就業機會，同時，也發展了全國極具規模的貨櫃倉儲業。

迄今，這些貨櫃倉儲業，都仍緊鄰著台一線，就像成立於相近年代的其他縣市工業區一樣，當時為了方便貨運，幾乎是從成立開始，便一直與台一線相倚相依。

而這時候，經過一次又一次的修整後，

①三重是典型的移民都市，近台北市中心，交通便利，消費又不貴，吸引許多外縣市年輕人來此謀生(右上)。三重忠孝橋附近的河堤上，假日攜眷郊遊的人群(右下)。

台一線的道路品質也更趨完善，許多路段經過截彎取直，變得更安全快速。就像上面提到的，各式各樣的貨物，不管是吃的、用的、活的、處理過的，還是有待進一步加工的，裝滿了一輛又一輛的大卡車，由司機日夜兼程，趕送到北、中、南等各市場。

但論及當時它的行車路況，可就是另一回事了。

為了賺錢、為了時效、為了保持雞鴨魚肉生鮮蔬果的新鮮，當時許多貨主或貨車公司的老闆，都要求卡車司機們，只要每超車一次，就給予數百元當作獎勵。重賞之下必有勇夫，只是身體一旦過勞、精神恍惚，那沿途就是嚼再多的檳榔、喝再多的康貝特也無濟於事。

在這段期間內，台一線除了一反過往建設多於破壞的紀錄，而常常發生嚴重車禍外，覬覦於「道」上諸多砂石、工程等利益，更衍生了所謂的縱貫線黑道。

比較起幾百年前郁永河的冒險渡河，數百年後的台一線，竟又因不同的原因而危機四伏，這大概是這位大冒險家，怎麼想都想不到的吧。

日以繼夜，夜以繼日，一輛輛的大貨車、大卡車奔馳在台一線上，如果把它的兩個前身——清代時的官道與日治時的縱貫道都算進去的話，這應該是台一線的一生中，變化最大、最忙碌操勞，同時也是最酣暢淋漓的時光。

不像官道在長達兩、三百年的時間內，幾乎處於停滯不動的狀態；在日治的五十年中，變化雖有，卻屬有限；到了五○至七○年代間，就像是忽然坐上雲霄飛車似地，台一線不僅倏然間擺脫過去舊有的面貌，就是在道路的工程、沿途的地貌，以及使用道路的人、車等各方面，也都汰然一新、改頭換面。

其中，又以人們在台一線上的移動速度，更加快了。人們移動方便後，相對地，台灣也變小了。當年輕人不再安分於窮鄉僻壤的生活，紛紛想前往繁華的都市工作，大都會裡各式各樣的工作機會，也頻頻地向他們招手。

交通建設帶動城市興起

台一線帶動的人口流動現象，基本上可以從兩方面來談。一方面，它把渴望到繁華都市工作的年輕男女，送往都市，追逐夢想；另一方面，這些移動的人口，也在不知不覺間，將他們的落腳處，塑造成新的都會。

前述與台北市只有一水之隔的三重，在台一線的生命週期中，正是扮演著這樣的角色。

「三重是典型的移民城市，日本時代從三重埔到台北唯一的路就是台北橋，一下橋沒多久就是菜寮，這個地方都種菜，台北市的水肥都用渡船送到這裡。人講『三重埔大學』指的就是菜寮，大人都會對小孩子說『你若不讀冊，以後就去讀三重埔大學』，就是比喻去挑肥種田。」三重歷史悠久的先嗇宮董事長李乾龍說。

以前人認為只有讀書才能出人頭地，可是對於嚮往城市、或者是沒有機會升學的年輕人來說，成功之路就是上台北打拚。

① 高雄左營為清代官道的舊有終點，但林爽文事件後，便已脫離官道路線，龍虎潭是其著名的景點(右上)。離龍虎潭不遠的市區，舊城牆與新大樓相映成趣(右下)。

七〇年代起，三重經新莊到桃園，是台北地區製造業發展的重心，三重因為鄰近台北，許多「下港人」拎著簡單的行李，循著台一線搭野雞車到台北找工作時，往往將三重當作第一個落腳的地方。

「三重跟我們鄉下很像，路邊攤隨便蹲著就吃。我們不是不想進去台北市，實在是消費高，生活方式又不合。」蔡謀賢在一九七〇年代最初的幾年，就從雲林上來台北。已經是一家汽車公司副理的他，回想過往，表示很多人都跟他一樣，年輕時離開故鄉，來到三重奮鬥，見證了三重這個新故鄉二、三十年來的改變，同時，也目睹了台一線盛極而衰的過程。

「以前我們剛來的時候，台一線多重要啊！買不起台北房子的人都在這裡安頓下來，很多卡車司機開到三重，也都在這裡休息、買檳榔！」廖軫起也是雲林人，二十幾年前赤手空拳來到三重，現在是一家銀樓的老闆。「我感覺台一線的發展很有限，民國六十幾年新莊到三重沿線已經很熱鬧了，可是到現在還是感覺沒什麼變，只是以前車沒那麼多，不像現在，一出門就塞。」

最後，廖軫起還說，「我看台一線是沒落了，現在車子和道路都越來越多，只要是跨縣市，誰不選擇走高速公路！」他搖搖頭補充了一句，「更何況如果有了捷運，它被遺忘的速度會更快。和我們那時候相比，台一線，已經不行了啦！」

在蔡謀賢、廖軫起等受訪者的口裡，常常三兩句話中，就有一句彷彿是老友般，對台一線的惋惜。然而台一線真的沒落了嗎？作為歷史悠久、台灣的第一條公路，難道，它真的已經日薄西山？

功成身未退

這個答案，若是相對於這二、三十年來，台灣應經濟發展的需求，所開拓的諸多交通網來說，或許是對的。

但回頭細看台一線的現況，儘管有那麼多的道路與之競爭，但不管是它的起點忠孝橋，還是沿途的桃竹苗、中彰、雲嘉南、高屏等路段，許多國道與快速道路不及的地方，莫不還是以它作為縣市之間主要的往來道路，就這一點而言，台一線與其說是沒落，倒不如說，它其實是功成身未退。

一位在斗南賣虱目魚湯的婦女，攤子所在的菜市場，就緊臨著台一線。她表示，她在年輕時，都是坐台西客運走台一線到嘉義上學；現在，雖然到台北或高雄，她都選高速公路，「可是如果高速公路塞車，或者只是要去附近的台中或彰化，走台一線，還是比較方便！」

就像在清代時，一般百姓依賴最深的，其實是一些東西向的小徑，如今，絲毫不改初衷，台一線還是配合時代的發展，在有需要的地方補位，雖然不再是亮眼的主角，卻是最稱職的配角。

台一線，依舊是與時俱進的。褪去歷史的光環，從絢爛歸於平淡，自支離破碎的前身官道、初具現代公路雛形的縱貫道，一直到邁向嶄新的二十一世紀，台一線，將固守自己的崗位，繼續將台灣，緊緊地聯繫在一起。

二〇〇〇年時，尚未完工的中二高苗栗路段，橫跨台一線後往南而去(右上)。昔日的平埔族聚落，今日成了婦人身後的南科園區，一旁高鐵的高架橋，象徵一個新紀元的到來(右下)。

1 大甲溪沖積而成的清水平原，遠處的雪山山脈蒙上一層雲霧。從左至右，分別是西濱快速道路、台十七線，至於與中二高(後)同時橫陳的，即為台灣第一條公路──台一線。 (攝影/齊柏林)

淡水河

西部縱貫公路台一線橫跨淡水河，一路奔馳而去，

而北部濱海公路台二線則沿著紅樹林河岸，見證浩渺大河入海……

淡水河上橋梁　25°4′42″N　121°30′18″E/152m

大台北地區，被淡水河及其支流環繞圍護。因一水之隔，兩岸台北縣、市的聯繫，就需要橋梁來溝通。橫跨淡水河上的忠孝大橋(台一線)、台北大橋、淡水大橋及重陽橋(由遠而近)，是連結台北市和台北縣的重要橋梁。每天，人車頻繁往來於橋上，卻鮮少有人駐足俯瞰橋下、與居民生息相關的河川。

生命源自於海洋，而陸地上縱橫交錯的河域網絡，則與人類文明及城市發展息息相關。一座城市的肇興，往往伴隨重要河川；如巴黎之於塞納河，維也納之於多瑙河，倫敦之於泰晤士河等皆是。而人口近六百萬的大台北都會區，則有淡水河蜿蜒護衛。

　　早在三萬多年前，原本由桃園入海的大漢溪以及由基隆入海的基隆河，因河川改道而流入台北盆地，形成淡水河流域。今日的淡水河系，主要由大漢溪、新店溪和基隆河三條河川，構成大台北地區的水路動脈。

　　大漢溪(發源於新竹與台中縣界的品田山)位在上游，在台北縣板橋的江子翠與新店溪(發源於宜蘭縣棲蘭山)合流後蜿蜒而去，再於台北市的關渡與基隆河(發源於平溪鄉菁桐山)匯合後一路向西北流，於台北縣淡水鎮油車口注入台灣海峽。

　　一般所稱廣義的淡水河，是指整個淡水河系而言；而狹義的淡水河，則指江子翠到油車口河段。整個淡水河系主流河長近一百六十公里，流域面積達二千七百二十六平方公里，涵蓋台北縣、市，以及基隆市和部分桃園縣、新竹縣，流域內人口近八百萬，幾占全國人口三成，是台灣第三大河，更是北台灣最重要的河川。

　　近代台北盆地的開發，可上溯一七〇九

新店溪直潭段
24°56′34″N　121°31′52″E/601m

淡水河主流之一的新店溪，於直潭段遇堅硬岩層而轉彎，在長期河水營力下形成「曲流」。一如道路，河川因所經地形不同而有殊異風貌。

年大加蚋平原（今台北市萬華區新店溪沿岸）的開墾。其時該地仍屬平埔族凱達格蘭人居地，而後始有大陸閩、粵籍移民到此開墾，後經日治初奠現代都市根柢，而至今蔚為現代化國際都會。近三百年的都市發展史，始終與淡水河緊密攸關。

早期，淡水河肩負農耕時期台北盆地的水運重任，縱橫散布的支流渠道，是當時街庄聚落間的運輸及交通要道。在山青水明的往昔，淡水河兼具供給民生用水、農業灌溉、都市排水及防洪等功能。而後隨著都市密集開發、人口高度集中，在所謂「現代化腳步」的大幅邁前下，淡水河容納城市的汙水量日增。由於城市迅速擴張、陸運發達取代水運，加以河川環境改變（泥沙淤積造成河道淤淺不利航行，工業興盛取代農業，人口成長迅速且集中，大量工業及家庭汙水排入河川……），淡水河的航運慨然止歇，最後僅存容納都市汙水的「功能」！

曾經，這條台北人心中永遠的母親河，是涵養這塊土地歷史與文化的生命之河，是人們懷想共同美好往昔的記憶之河。而今，負載與消化這座城市汙物的乖舛命運之河，猶在喘息。究竟何時，可以河清見底、生意盎然？台北人在期待，淡水河也在期待。

石門水庫
24°48′34″N 121°14′50″E/914m

台灣地狹山陡，為有效涵蓄水力，興建水庫成為必要。水庫的興建，要如何兼顧環境與民生，考驗著人們的智慧。因大漢溪上游陡峻，無法涵蓄水力，故於中游建石門水庫，以供應台北、桃園地區灌溉及公共用水。

北部濱海公路台二線②
穿梭山海之間

從瑞芳上空往禮樂煉銅廠處俯瞰，台二線的山海之姿格外明顯

山一側，是大屯山系以降、雞籠山等山脈堅實的臂膀

海一側，是太平洋波光粼粼，飄散著屬於海洋的氣味

台二線反映台灣經濟的變遷，而核四爭議則讓它在發展與環保之間，進退兩難

（攝影／齊柏林）

在台灣或長或短、或南北或東西、交錯密集的道路中，台二線，大概是少數最能反映出台灣社會發展、與經濟變遷的一條道路了。

一九七五年左右，台灣蓄勢待發；當時的行政院長蔣經國，為了替國家奠定未來的基礎，特別擘畫了十大建設的藍圖；其中一項，就是擴建位在東北部的蘇澳港，以紓解北台灣第一大港基隆的吞吐量；而因港口需要一條聯外道路，一來配合蘭陽平原的發展，二來協助宜蘭一帶的貨暢其流，前台灣省公路局，遂銜命成立北部濱海公路工程處，負責修闢從關渡到基隆、基隆到蘇澳間的北濱公路，也就是後來公路局編號第二的省道台二線。

事實上，早在動工之前，台二線的沿線

②以關渡為起點的台二線，將一路蜿蜒至台灣的北海岸與東北角，直抵蘇澳。

並非毫無道路。只是它的眾多前身，與其說是一條首尾貫串的路，倒不如說它是一段又一段支離破碎的虛線。短短不到一百七十公里的距離，基於歷史的因緣與地理上的差異，從北海岸、東北角到宜蘭沿海城鎮一帶，不同路段間的面貌，直是相差不可以道里計。

先說今天北海岸的淡水、金山、到萬里一帶，根據《台北縣誌・交通志》的記載，遠在公元一六二八年(崇禎元年)，西班牙人從台灣的最東點——三貂角登陸，進入基隆市後，為了傳教、經商，在當時就闢建了自基毛里(今基隆瑪陵坑)經大巴里(今金山鄉)，迂迴北方海岸而至淡水的通道。

這一條今天想來也不過就是碎石小徑的路，當初卻因淡水與基隆，分別有硫磺生產與有天然良港裝卸貨運的關係，成為重要的運輸道路；而隨著西班牙傳教士的腳步日益深入，同一條路，後來更往南延伸到舊名為蛤仔難的宜蘭和蘇澳，幾乎涵蓋了今天台二線的範圍。

但即使它是現有文獻當中堪稱台北縣最古老的道路，由於道路本身已不見蹤跡，沿途西人所留下的歷史「證物」：如三貂角的多明我教堂(Santo Domingo)、宜蘭的聖老楞佐教堂(San Lorenzo)，及蘇澳一司鐸住宅等，也消失於不斷轉換的時空中；時至今日，反倒是清代留下來的、溝通北海岸沿海漁村與台北盆地的「魚路古道」，以及更往後的、日治時期的「大屯小街道」，讓人留有深刻印象。

在由日本人仲摩照久編著的《日本時代台灣地理風俗大系：北台灣文史踏查》一書中，就提到所謂的「大屯小街道」，位在

今天石門、金山、萬里等大屯火山群沒入海中之處；該路所經之地，海岸平地甚少，山麓平原也被許多放射狀的溪谷分割，原本在交通上極為不便。但只因大屯山系的西部山麓平原產茶，東部產煤，淡水到金山之間，不但很早就有汽車通行，基隆到金山之間，還有所謂的「手押台車」，擔負著運輸的重任。

「手押台車的軌道和鐵軌很像，只不過還要更窄小、簡陋一些。」金山耆老李錦澤，依稀記得在日本時代看過那種也叫「輕便車」的人力車。他說，受益於交通的發達，金山可說是當年北海岸一帶，淡水與基隆之外最大的一個鄉鎮了，也因如此，日後興建台二線的過程中，連同與它毗鄰的石門、萬里，都僅需就舊有道路加以擴建、修補而已。

無中生有的道路

所以，比較起北海岸道路的粗具規模，東北角的部分路段就全然是無中生有了。

「在台二線初期的工程中，唯一新闢的路段，就是瑞濱到福隆一帶。」劉基山是當年參與台二線築路工程的資深工程師。回憶往事，他表示，那段由於依山傍海、地質複雜，過去除了行人硬是以雙腳踏出

來的、極簡陋的羊腸小徑外，根本沒有對外道路；以其中的鼻頭角為例，三面環山、一面臨海的它，雖有青山環繞，但所有的植被之下，都是堅硬的岩層；這些幾千萬年才形成的懸崖峭壁，以近乎垂直的角度直削入海，留下近乎於零的腹地，因此，除了靠海吃海外，大自然留給鼻頭的，別說是耕地、築路用地了，就是連人住的房子，也都只能緊挨著巖壁而建。

同樣的景象，即使在今天，只要登高往鼻頭角的岬頂上一站，都能輕易看見：右邊，是東海和太平洋的交會處，湛藍一片；左邊，因距離而變小的漁港，港口兩岸的房子，莫不緊緊依偎著山的邊緣，唯有房子的構造，已從過去用紙板和砂石的胡亂加蓋，變成如今的水泥樓房。

「過去夏天颱風來襲時，包括那些房子，還有岬頂上的小學，全都被吹得七零八落；冬天吹東北風時，浪則大到全村數十條船都出不了海。」七十多歲的王金火，是鼻頭角退休的漁會主任。談起這裡的往事，他那張因吹了太多海風、曬了太多烈陽的臉上，深陷刻畫的皺紋，就如鼻頭的海蝕地形。

「因為沒有路的關係，當年村裡的人一旦生病，要不是得坐上一兩個小

【台二線小檔案】

位　　　置：起自台北縣淡水鎮端的關渡大橋，迄宜蘭縣蘇澳鎮。

長　　　度：總長166.628公里

工程紀要：分兩期辦理。第一期於一九七六年開工，一九七九年完工，範圍自基隆市八斗子漁港之碧沙橋往南至頭城。其中瑞濱至福隆段為新闢路線，餘為改善路線。第二期一九七九年開工，一九八二完工。範圍分南北兩段，北段自基隆八堵之四腳亭至瑞濱；南段自頭城至蘇澳。

特　　　色：最初為蘇澳港聯外道路，今日則為著名的觀光大道。

時的船，冒著風浪到大城基隆就醫，要不就得拜託那裡的醫生，來到鼻頭問診。」

沿路地區人口老化

所以，同樣是在一九七五的那一年，當不過四十多歲出頭的王金火，聽聞政府即將修闢台二線，卻礙於經費，道路只能繞到九份轉基隆，不會延伸到沿海地區時，他才會十萬火急地向今已過世的瑞芳鎮省議員李儒侯求救，請他無論如何都要伸出援手，將道路轉彎。

其實不只是鼻頭，當年沿海一帶其他漁村的居民，也一直都殷殷企盼，有朝一日，能有一條道路帶領他們走出困頓，方便魚貨輸送與對外交通；而或許是他們的心願真的上達了天聽，在許多人的奔走協助下，一條原本為了節省經費，而要直接走九份轉基隆的既定路線，竟真的轉了個大彎，捨山就海，繞道沿海一帶。

「這條路很漂亮吧。」坐在王金火三樓的家裡，從落地窗往外望去，就是後來硬是靠填土而興建的台二線。然而，看到偌大的屋裡，只有老人家和老伴兩人，眼前空盪盪的屋子，竟讓人疑惑起來——隨著台二線的興建，這小小的漁港，是不是也少掉了什麼？

的確，一如當初很多人都始料未及，台二線原先被賦予的運輸使命，後來因為蘇澳港缺乏足夠貨櫃、蘭陽平原工商業發展停滯不前，而未能達到預期目標，許多沿海居民也沒想到的是，台二線的完工，在讓沿海漁村「走出去」的同時，卻也讓村子裡的人口迅速老化，年輕人迅速流失。

家住三貂角附近的陳姓阿嬤，七十多歲了，每天還是清早就頭戴斗笠、手拎竹簍與細長的鐵棒子，趁著退潮時分，走在潮間帶上，尋找石縫裡的黑鐘螺。當我站在海岸的一旁，心裡納悶著何以阿嬤年紀這麼大了，還要這樣辛苦？阿嬤卻像會讀心術地，忽然抬起頭望著我，淡然地說：「後生（兒子）、查某件（女兒）攏出去發展了，一個人留在厝ㄟ嘛是無聊；反正自少年挖到現在，不做嘛奇怪。」

不只是在三貂角、鼻頭角、甚至是台灣最北的富貴角，台二線上，包括帶有「澳」字的漁村：如深澳、澳底、卯澳、大澳、外澳；沒有「澳」字的一些地名：如石門、金山、萬里、瑞濱、龍洞、頭城等地，自從道路開通後，都不難看到像老阿嬤這樣的老人家，要不利用白天在淺水帶挖黑鐘螺、採石花菜；要不就是一個人在寧靜的午后，獨坐面海的後院，一邊低頭撿著自種的菜，偶爾望向無涯的海。

同樣也是一家三代十五口，年輕人全都到台北等外地謀生，只剩他和老伴守著老家的金山鄉耆老李錦澤就說：「囡仔留在故鄉沒發展啦！」老人的意思是，金山雖名「金」山，實際上蘊含的礦產卻不多，各種資源也少得可憐。誠然和鼻頭比起來，金山的腹地要寬廣多了，魚貨之外，還有稻米、芋頭、蕃薯等農產品出產；但自從WTO開放以來，農地限建，工業又礙於地處邊緣，與上下游廠商聯繫不便，全金山從過去到現在，還在營運和已經倒閉的工廠，通通加起來也沒有五家。

而早在一九七〇年代初，同樣是因應十

②鼻頭角的耆老王金火，猶記得六〇年代前，唯一一條通往水湳的石子路，常被荒草湮沒（右上）。台二線連結了北台灣第一大港——基隆，也連結沿海居民的出路（右下）。

53

大建設計畫而興建的核能發電廠,姑且先擱置它的爭議性,在當年,它可是台灣經濟發展的里程碑,金山、萬里、石門一帶的盛事;但談到工作機會,只因電廠工作多需專業,對於當地人的幫助,也僅限於提供一些清水池、洗衣、守排水放流口等勞務性工作。

彷彿是推力與拉力的交互作用,在台二線上,不管是較大的鄉鎮如金山,小小的漁村如鼻頭,過去由於先天上資源不足,讓留在家鄉的年輕人難以謀生,但是礙於大山大水,出入交通不便,要離開也不是那麼容易;但一條通往外在世界的道路完成後,水閘的門有如被打開了一般,離開,成為許多人沒有選擇的選擇。

話雖如此,自一九七〇年代以來,淡水以降,蘇澳以上,整條台二線所經之處的工商業發展,雖說始終與台北盆地和西部平原有著差距;但進入九〇年代後,隨著國人觀光旅遊概念的興起,過去阻礙台二線沿線鄉鎮發展的因素——難以逾越的高山、風波不定的大海,忽然間,竟以它的自然風貌,反過來成為滋養地方的養分。

家住蘇澳,人在台北八里公路段上班的林旺泉,每到週末最喜歡做的一件事,就是循例在收工之後,一個人沿著台二線開車回家。儘管雪山隧道通車後,「宜蘭台北一瞬間」的口號震天價響,林旺泉卻堅持,「回家」,不只是踏進家門的那一刻;在此之前,工作上的煩惱通通拋棄於沿途,家的記憶緩緩滋生,整個過程,都是「回家」儀式中珍貴的部分。

「從淡水到基隆,基隆至蘇澳,近一百七十公里的路程中,台二線有三分之二蜿蜒於山海之間。」林旺泉說。在山一側,地質忽而安山岩忽而砂頁岩,但全是大屯山系以降、雞籠山等山脈堅實的臂膀;海一側,太平洋在夕照下波光瀲灧,入夜後擎著千瓦大燈的漁船,被潮水晝夜拍打的怪石嶙峋,每分每秒,海洋飄散的氣味,都讓原本的歸鄉情懷更濃郁。

「台二線是一條得天獨厚的公路。」比較了台灣幾條主要公路的景觀後,林旺泉進一步下了個結論;他覺得西部海岸太過平坦,東部海岸壯觀卻嚴峻,兩者看久了,同樣都令人疲乏;但台二線就不同了,海天一色之外,島嶼、港口、岬角、燈塔,海、風、火山撞擊洗刷出的風稜石、海蝕棚、海階平台,不斷變換的景色,比跑馬燈還令人目不暇給。

而在人文地理方面——三芝的美人笒、石門的十八王公、野柳的地質公園、富基、碧沙漁港的海鮮、龍洞灣的潛水、攀岩、福隆海水浴場的白沙、頭城烏石港的觀賞鯨豚,乃至礁溪溫泉,放眼全台,還有哪一條公路,可觀、可賞、可遊之處,琳琅滿目一如台二線?

化身觀光大道

是以不單遊子如林泉旺對台二線獨有情鍾,早在週休二日制定前,台二線即以不世之姿,馳名於許多人心中。繼「東北角海岸國家風景區管理處」(簡稱東北角管理處)在九〇年代改制後,二〇〇二年,「北海岸及觀音山國家風景區」(簡稱北觀)也正式成立;這兩個單位的整軍出發,除了

② 野柳是著名的地質教室,在差異風化的作用下,原本堅硬的岩石,化身為美麗的燭台石(右上)與女王頭(右下)。雖然歲月不減女王容顏,但女王「頭」的尺寸,卻明顯變小了。

反映台灣經過一、二十年的打拚，經濟結構已由最初的工商製造業，轉為包括休閒旅遊在內的服務業，台二線的角色，至此也由原先的產業道路，搖身一變為一條觀光大道。

「交通部觀光局在二〇〇三年推動一項名為『觀光客倍增』計畫，主要目標就是藉由熱絡觀光，振興地方產業。」東北角管理處處長陳梅岡，接任此一任務已有五年。他以貢寮鄉的福隆為例，說明過去它雖素負盛名，卻局限於地方一隅；但在東北角管理處成立後，透過與地方政府的密切合作，連續舉辦七屆的貢寮海洋音樂祭，在樂迷與樂團間享有非凡口碑；亞洲帆船賽、亞洲動感挑戰賽，更讓福隆海水浴場的美景，享譽國際！而針對東北角最大的罩門——在冷冽的冬天總是乏人問津，東北角管理處更推出了不怕流汗不怕冷的草嶺古道秋冬健行活動，吸引每月近五萬人的參加。

「整體來說，東北角的旅遊人次，已從二〇〇一年的一百四十八萬，以超過兩倍的速度，揚升至二〇〇五年的三百一十萬人次。」辦公室就在福隆的東北角管理處，裡頭的陳梅岡與其他同仁，每天都不斷地絞盡腦汁，希望能推陳出新。而為了維護東北角完好的形象，他們極力掃除台二線沿途的廢土、檳榔攤、小販、鐵皮屋等違建，將不同的道路標誌整合共構，力行「減」的原則之外，更與同屬交通部的公路總局合作，務期將東北角與台二線連成一氣，把原本的邊陲之地，打造成為海角一樂園。

「唉，以前的馬路是給人和車子走的；現在的馬路，卻是給人看的。」朱木山是公路總局養護工程處的工程師，在「讓台二線成為東北角景觀一部分」的概念下，負責景觀維護的他，就在二〇〇六年的六月，才為台二線贏得一座「金路獎」優良景觀類的亞軍獎座。

「那是交通部主辦的競賽，主要是推廣道路修築的新觀念。」朱木山細細地以台二線為例，說明到底何謂「新觀念」。「同樣是護欄，以前蓋完就直接以水泥表面裸露，顯得灰撲撲的，好醜；但現在可不行了。」朱木山說，護欄不但要美化、漆上顏色，用色還要精挑細選，要跟環境協調，不能有半點衝突！

築路新觀念

帶著朱木山所說的新觀念，驅車檢視台二線沿途，果然，除了自然的山海景觀，任何人為水泥露頭的地方，都已被各式各樣的綠色植栽覆蓋；繼續往前走，77k(公里)處著名的蝙蝠洞附近，刻意不豎立警示牌，意在不讓洞穴中的蝙蝠受到驚擾。再往前開，到了83k處，原本用來攔截山崩落石的隧道，為了保全既有功能又能讓穿越的人車遠眺海景，「明隧道」在設計之初，就選擇鏤空牆面，加裝數十盞照明設備，讓它不但在夜色中熠熠生輝，如一條銀帶；白晝，也無一般隧道慣常造成的幽閉恐懼感。

對此，學機械的朱木山坦承，一開始他還真不習慣，後來卻覺得頗受啟發；至於劉基山，前述修築瑞濱到福隆路段的資深

台二線的山海環境適合訓練賽鴿，養鴿者在石門的富基漁港放飛愛鴿(右上)。二戰時被俘來台的澳洲官兵，每年聖誕節重返九份憑弔同袍，追憶那段辛酸歲月(右下)。

工程師，緣於與台二線的因緣不同，感受就更複雜了。

「過去我們只想趕快把路開好，讓居民有路可走。」回憶過往與榮工處的老榮民們一齊爆破、炸山、開路的情景，劉基山笑說，「工作之餘，光是看看山、水、大自然就很美了，哪裡還會想到，現在連路本身也要美，要化妝。」

然而，劉基山不知道的是，自從台二線轉型為觀光道路後，它化的妝，可不只這些。由於北海岸與東北角成名甚早，遠在一九八八年，大型財團如太平洋福華飯店等，就已在萬里經營翡翠灣海水浴場，力圖將它打造成濱海度假勝地。

現在車子行經萬里，仍然可以看到它占地廣袤的建築，宛如城堡般矗立路邊；而

相較於大財團的大手筆，單位較小的民宿，近年來也如雨後春筍般，一一地出現在台二線上。

康麗琴原本和先生在頭城經營佛具行，幾年前，在一位由漁業轉開民宿的鄰居遊說下，兩人也覺得這是一門好生意；幾經磋商，夫妻倆把在濱海路兩側的兩棟房子，全都打掉重新裝潢；刨光地板、木質樓梯把手、小小的吧台、大大的液晶螢幕，當然，還有後院海堤外，那一片滾著白浪的大海、海上的龜山島；夏季來臨時，一對對情侶或是全家福進門時，看見客廳的明亮，海景的誘人，笑容已然掛在臉上。

靠海，果然還是要吃海，唯獨這回的吃法，已與過往大不相同了；據說這裡的每個房間，每晚索價都要兩千五百元台幣，有的甚至超過四千；我以為以民宿的標準，這價錢要貴了一點，但從遊客酣暢的笑意來看，他們，又顯然是滿意的。

「情人灘」民宿、「龍蝦大王」海產店、「大海邊」海釣中心、「藍天」衝浪教室，一塊塊凸顯著地方特色的招牌，正是台二線最新款的妝；而道路兩側已興建、正興建、將興建的獅子博物館、螃蟹博物館、海洋博物館，則是它想由內而外，塑造的氣質與內涵。

「好美喔！你看，那是基隆嶼！」、「你看前面，龜山島，嘿，還真有點兒像！」此起彼落的驚呼聲，散落在台二線的不同路段，聲聲都與潮聲呼應；時至今日，台二線既是一條花環，串連了金山、鼻頭、三貂角、頭城等沿路的漁村、鄉鎮，又像

②昔日產金的九份已轉型為觀光山城（上圖）。每逢假日，遊客們前往富基漁港大啖海鮮（右上）。位處季風分界與大海流相會的洄流區，貢寮的萊萊是著名的磯釣場（右下）。

是歡笑的代表、樂土的化身，徹底地覆蓋了漁村曾有的邊緣、落後。

然而，就在這一片與世無爭的景象背後，當台二線沿線鄉鎮，因地處偏遠、人口稀少，才得以維持人力對大自然最小的干擾，進而以天成的美景，成為主流觀光產業的一部分時，猶如刀之兩刃，它也基於同樣的原因，一而再、再而三地，無力抵抗來自外界加諸於它們的種種「特殊」待遇。

與核電廠為鄰

前面提到過，一九七〇年代初，因應十大建設計畫中的能源開發一項，當時的台電公司看中北部沿海地區沒有地震、又有海水可以降溫的條件，於是便將台灣首座的核電廠，設在緊鄰金山隔壁的石門鄉。但很多人都不知道的是，在那之後，台灣共計四座的核能發電廠中，除了核三廠設在恆春以外，其餘的兩座，也分別在一九七五年設立於萬里鄉，並在一九八一年前後，以電力缺乏的理由，再度計畫於東北角的貢寮鄉興建。

只是和前幾次不同的是，核四被提出之初，緣於美國發生了三哩島事件，各界於是對核能的安全性產生巨大懷疑，該筆預算遂遭立法院凍結，核四之議，面臨第一次停擺。

眾所周知，核能發電一直是極具爭議性的問題；贊成的人以為，沒有了電力，台灣奢談經濟發展，而全球溫室效應造成高溫，致使用電量年年攀升，此時此刻，台灣更需要充沛的電力；但反對者的顧慮，

一樣令人難以反駁：核電廠並非是唯一的選擇，火力、水力、風力發電，都是可替代的考量，更何況，比起其他能源，核電廠不但出不得一點意外，核廢料的處理，更是截至目前為止，沒有完善對策的一件事情。

因其如此，不管台電再怎麼保證核四廠的安全性絕對比核一、核二和核三要好上幾倍，當地民眾的疑慮，還是難以撫平。在這種情況下，隨著台灣社會環保意識的興起，反對的聲浪越來越高，台灣有史以來維持最久、也最富爭議性的社會運動之一——反核，也以核四廠的廠址貢寮為中心，風起雲湧地展開。

在一部名叫《貢寮，你好嗎？》的紀錄片中，就詳細記錄了這段長達近二十年的台二線悲歌；漫漫歲月中，貢寮鄉親為了捍衛自己的家園，有人因此鋃鐺入獄，有人被列入黑名單，更有老人家因老病死，等不及看到他們希望的結果，便一一撒手人寰。

其中，片子裡有一個畫面，讓人淚濕衣襟——那是數十位貢寮鄉親搭乘遊覽車，要沿台二線北上，到監察院和立法院陳情的一幕；畫面裡，鄉親們的沉重寫在臉上；率皆無語，卻默默地凝視車窗外的碧海藍天，彷彿擔心著此行要是談不出結果，故鄉的美麗、子孫的未來，就要黯然失色。

但一如後來事情的發展，雖然陳水扁政府在執政後，為了兌現競選諾言而宣布廢核四，二〇〇一年，當大法官會議作出解釋文：「行政院沒有不執行立法院通過法

 基隆的崁仔頂街魚市，子夜十二點後，燈火輝煌，拍賣聲此起彼落。作為濱海道路，台二線沿線曾盛產魚類，如今卻因汙染問題，產量江河日下。

② 二〇〇六年貢寮海洋
音樂祭舉行的幾週
前，反核人士在福隆海水浴
場發起「寧裸不核」活動。
猶如左圖中的核子反應爐，
核四點燃的反核運動，成為
台灣有史以來最大也最持久
的社會運動。

案的權力」時，在解釋文以及鉅額違約金的雙重壓力下，行政院與立法院，還是達成復工協議。

台二線，是把鄉親們帶了出去，然而等在路的另一端的答案，卻是沈默、無解。尤有甚者，近年來每逢暑假，貢寮都會舉行的海洋音樂祭，當歌手、樂團與樂迷在福隆海水浴場金黃密致的沙灘上，以搖滾點燃夏日狂熱，卻沒有人知道，因為核四裝載貨運的重件碼頭的開挖，福隆海水浴場的白沙，已以驚人的速度流失；音樂祭的主辦單位，每年都要花費上千萬元的經費，才能以人工填補消失了的沙灘。

失落的海角一樂園

「其實光是核一和核二廠的出現，便對海洋生態造成很大的影響了。」許瑞林是金山鄉永興村的村長，過去因風氣未開，他與其他石門、萬里鄉的居民，在核一、核二廠興建時，為了大局著想，政府說什麼他們就做什麼；表面上，遷村、蓋廠，一切都十分「順利」，然而每天暴露在看不見的輻射威脅之下，他們不管是在心理或精神上，都承擔著外人無法想像的壓力。

但現在，看到貢寮鄉民的付出與努力，鄉土意識已緊隨著環保意識而起；許瑞林說，核電廠排放的高溫廢水，使海洋裡的珊瑚急速萎縮；一九九三年的時候，在核二廠出水口一帶，更曾發現駭人的骨骼變形的祕雕魚。而以他自己為例，就在暑氣蒸騰的七月間，當他在離核二廠排水口差不多十來公里的地方潛水時，距離都那麼遠了，他還是隱約能感受到高溫，一如浸泡於溫泉水一般。

「人偶爾下水游泳，都這麼覺得了；那些生長在海底的生物，哪可能不受影響？」許瑞林表示，事實上近十多年來，台二線沿海的漁業資源，已因濫捕及汙染等因素，出現枯竭的現象；而現在，要是再加上核能廠的廢水排放、放流口建造、化學藥品的使用等作為，他擔心，台二線沿線的好山好水，恐怕會繼漁業資源之後，面臨另一波傷害。

許瑞林說的沒錯，事情至此，似乎不是反不反核的問題了，而是這方天地如此美好，如果因為人的無知，任其被破壞、消失，一如台二線上沿途許多耆老、鄉親所擔心的，未來我們拿什麼面對子孫？而失去了青山碧海的台二線，日後又與其他的道路有何差別？

靜靜地呼應著台灣經濟的脈動，先是篳路藍縷、以啟山林，後是被規畫為產業道路，進而又化身為如今的觀光大道；比較起縱貫線等其他動輒四百多公里的道路，台二線雖不長，但短短的一條路，卻深深鐫刻著台灣三十多年來經濟型態的快速變遷，並和整體環境一樣，在發展與環保之間，面臨著兩難。

台二線不能言語、環繞其旁的海洋、山脈、港灣和岬角也不能，但人，卻可以。

作為台灣最美麗的道路之一，台二線正值青春，煥發無限的光芒；但有如滿布暗礁的海面，隱憂也是顯而易見的；所以，關於台二線的發展，這次或許剛好可以倒過來，成為檢視台灣未來何去何從的指標之一。

---

② 台二線的美景，吸引了許多新人來此拍攝婚紗照(右上)。美國學校教師大衛，常流連三芝等北海岸一帶。其背後廢棄的休閒度假屋，在海風侵蝕下，提早結束了生命(右下)。

65

【戀戀金九，黃金傳奇】

九份以及其近鄰金瓜石，是東北角一帶著名的觀光景點。

九份位於基隆火山群的山坡地上，其依山面海，景色得天獨厚。若晚上行駛在台二線上，往基隆山的方向望去，便可以看見九份山區一片燈火燦爛；若從九份登高遠眺，也可以看見蜿蜒在北海岸的灣岬奇岩之間的台二線。

金礦業、日本人，與九份、金瓜石的歷史息息相關。早在公元一八八四年(光緒十年)的時候，已經有人在當時稱為「煙仔寮」的九份悄悄進行金礦的開採，直到一八九四年，台灣巡撫邵友濂才正式在九份設金沙局地方分局。而九份金礦業真正的發光發熱是在日治時期。

一八九五年日本接收台灣後，便積極地在各地進行金礦的探勘，最後發現九份與金瓜石最具投資報酬率的兩大金山。當時日本已是礦業先進國，隨即引進大量的採礦設備與日籍技術人員，使金、九一帶產生了不小的日本聚落。

那時金、九兩地的礦業因為管理形式不同，造成了兩地命運的迥異。

金瓜石的礦業權是歸日本官方所有，礦工們不管挖到多少金子，薪水永遠都是固定不變的。而九份一開始的礦權所有人藤田傳三郎，因開採成效不如預期，又適逢如火如荼的抗日運動，無力應付之下，遂在一九一三年起，逐漸將礦權轉租給基隆人顏雲年。

顏雲年接手後，成立「台陽礦業株式會社」，改採開放式的承包制度，即個人挖到的金子越多，賺得就越多。

與金瓜石相較之下，九份的制度更吸引人，許多人抱著黃金夢慕名而來，「三更貧、四更富、五更起大厝」，就是形容九份的包租制。

隨著一九三〇年代日本軍國主義抬頭，日本需要黃金向美國購買大量軍火，政策上也有「產金法」、「探礦獎勵規則」等的頒布，巨額補助金礦業。九份礦產量在一九三八年時達到四千五百餘公斤，是有史以來最高峰。

今天的九份有著濃厚的復古氣氛，美中不足的是，總有些揮之不去的商業氣息，及假日時過多的人潮。相形下，金瓜石雖然維持一貫的寧靜深沉，但來到這裡的人，總會發現沿途公路風光目不暇給，無論是雄偉壯闊的高山峻嶺，還是隨山勢起伏蜿蜒驚險的公路，都令人感到渺小。

特別是金瓜石對礦業文化各個面向的完整保存。日人統治金瓜石時，對於採掘到豐富的金礦與銅礦相當驚喜，感覺上，猶如入寶山一般，甚至有了長期定居的打算，所以日人對社區的規畫做得十分完整。從學校的設立、到天皇蒞臨時下榻的太子賓館，甚至日本神社的興建，處處都可以見到，日人對金瓜石，說有多重視，就有多重視。

對照今天九份濃厚的商業氣息，金瓜石的恬靜怡然，又是這兩大產金之地，另一番寧靜的角力。　　（文/陳玟仰、陳世慧）

---

② 一八八九年，八堵一帶的基隆河河床上意外發現沙金，從而開啟了北台灣的淘金熱(右上)。日治期間，總督府在金瓜石建立官礦，一輛輛台車滿載礦石駛出(右下)。

內山縱貫公路台三線 ③

蜿蜒豐饒丘陵

穿梭在丘陵間的台三線，常是一轉彎便見小販擺攤於山路兩側
早年沿線種滿茶與樟腦的產業之路，近年又以草莓、水梨等水果聞名
斷層帶密布造成的地震傷痕以及漢番交界線上遺留的衝突煙硝
種種的記憶與特產，終於釀就了內山公路台三線獨具一格的台灣味

當車子越過台北、桃園兩縣的縣界，低矮的山巒、蜿蜒的溪流開始在三峽、大溪一帶映入眼簾，而此時，台三線也擺脫了其他道路的牽扯糾纏，連同那藍底白字心形狀的省道標誌，也一併鮮明了起來。

在此之前，大隱於大台北地區的台三線，至少涵蓋了七條以上不同名稱的道路；但礙於道路管理的分工，直轄市不設省道標誌，除了道路的維修人員，絕大多數的人，或許每天行經，甚至在某次遊行集會中靜坐其上，卻不見得知道，輪下或足下行走的，就是公路局省道編號第三的台三線。

以行政院的大門前為起點，台三線在繁

③ 濘密戰道位於阿里山山脈西側，疏鬆的土質在豪雨過後，很容易便坍塌崩落。

華台北城，先後化名為大家所熟悉的忠孝西路、中華路、和平西路等；一路往南經華江橋跨新店溪後，又以文化路、四川路等名字，搖身一變為台北縣板橋市的主要幹道，以中央路貫穿全土城市。

然而不管怎麼稱呼，全長四百三十八點七公里的台三線，長度在省道中名列第三，僅次於台九與台一線；從起點台北到終點屏東，經過的縣市鄉鎮近乎五十個，堪與台一線媲美。

但台三線要是僅能以「長」和「多」取勝的話，就不足以稱之為有特色了。事實上，台三線與其他道路最大的不同，還在於獨特的地理位置。

拿和台三線同樣是南北縱貫道路的台一線比較，當後者離開大台北地區的新莊、三重等地，沿著平坦的西部平原，暢行無阻時，台三線卻自台北盆地的西南側穿出後，選擇爬上爬下，轉進中央山脈以西的淺山區，穿梭在高山與平原之間、人口稀少的丘陵地。

「台三線最初修闢的目的，正是為了促進內山偏遠鄉鎮的經濟。」前公路總局局長嚴啟昌，今年高齡八十一歲；任內一手主導台三線拓寬案的他表示，早在一九八五年，該案剛提出時，還曾因經建會質疑此路的拓寬不符合經濟效益，而慘遭攔阻；幸好在他以「只要交通建設得好，自然會帶動地方繁榮」為由，力排眾議之下，一路以來不管是天然地形、或在人為擴建過程中率皆崎嶇的台三線，才得以過關斬將，終以原計畫進行。

然而，就像嚴前局長所說的，遠在拓寬案定案前，台三線不管是北、中、南等路段，雖地處偏遠，卻已有大大小小、規模

不一的現成道路。這些道路的形成，除了和所有道路的雛形一樣，常是基於地方物資與人員運輸的需求而產生的之外，與其他道路最為迥異的是，原來台三線早年的諸多路段，竟有不少是為了軍事用途而鋪設的！

先天地形使成戰備道

根據嚴前局長的說法，在台三線拓寬案確定的同時，當時的國防部長宋長志，也曾親自詢問：「台三線的載重，能否支撐美製的M60戰車？」

「我還記得自己回答說，只要說得出戰車的載重、軸重與軸距，就沒有問題了。」回憶過往，老局長的記憶，也跟著點滴清晰了起來。

而正如這段對話，在今天的台三線上，屬於戰備道的痕跡，依然歷歷可見。拿北部路段來說，在看過桃園大溪的山水、還有沿途數不盡的黃大目豆干、神桌、檜木浴桶等招牌後，來到北台灣客家族群聚集最多的第一個入口鄉鎮——龍潭時，在台三線的主線上，國防部、陸軍總部、機械步兵旅、輕航空旅等軍事基地，接二連三地出現；而在支線台三乙兩側，則有中正理工學院、中山科學研究院，以及行政院的核能委員會等單位，一一矗立。

「習慣了啦！我們從小就跟這些灰撲撲的軍營，還有藏在地底下的彈藥庫住在一起。」曾新蔘是桃園縣在地文史研究學會的成員，對於龍潭這種全台罕見、軍事基地高度集中的現象，他見怪不怪之餘，也表示：「我想一來是龍潭屬於桃園台地的一部分，地勢較高、鄰近台北，有居高臨下、衛戍首都的功能；二來是龍潭地廣人稀，土地取得容易，所以，才有這麼多的軍事設施集中在一起。」

不過龍潭地區籠罩在台三線上的軍事氛圍，還不只是道路兩旁的機關而已；包括道路本身，很多當過兵的人都知道，早年連接中壢到豐原、也就是在這裡被稱為中豐公路的台三線，即是一條始建於日本時代的戰備道。

「從作戰的角度而言，台三線是所謂的『最後確保線』；也就是說，當敵軍從海上登陸後，一定會往東邊進犯、壓迫，這時，要是位於平原的台一線被炸毀，深處內地的台三線，就成了唯一能承擔重任，提供戰車行走的機動道路了。」一位不願具名的國防部軍官解釋道。

因其如此，台三線作為一條軍事用道，早在清代末葉（一八七四年左右），

【台三線小檔案】

位　　置：起點為台北市行政院大門前，終點為屏東市。

長　　度：總長438.7公里

工程紀要：各路段在光復之前，即以規模不一的形式存在；但全線拓寬為四線道，還要到一九八四年時，行政院將之列入十四項建設之後。

特　　色：中、北部路段為早年茶與樟腦的產業道路，也是漢人墾拓時，與原住民頻生衝突的「漢番交界線」。如今煙硝雖遠，但除了閩客族群之外，原住民已退居偏遠山區。中南部路段為主要水果產地，而中部路段因位於斷層帶，九二一大地震時，受災頗深。

沈葆楨因「開山撫番」之需，便已開闢了幾條軍用道路；在那之後，誠如前述，日本人在太平洋戰爭時期，為防範台一線遭美軍轟炸，癱瘓陸路補給線，於是興建了中豐公路。

而除了中、北部的中豐公路外，日軍同時也在南部雲林、嘉義之間的台三線上，建造另一條「濁密戰備道」；這個戰略構想，在光復後，更被老總統蔣介石發揮得淋漓盡致，不僅曾將重兵，由北而南駐紮在台三線上，從至今矗立在濁密戰備道旁的紀念碑可知，一九六○年後，重新修闢的濁密戰備道，海拔高達八百公尺的地理位置，沿途森林密布，使形勢更為隱密險要，不但可駐防十萬大軍，更可俯瞰護衛整個嘉南平原。

茶與樟腦的產業之路

但有趣的是，至少在今天的龍潭一帶，很多軍事基地的周圍，剛好都鄰近或是正對著茶園。鉛灰色的兵營與油綠的茶山相映成趣，但卻也流露著肅殺與素樸的奇異對比。

龍潭當地的作家馮輝岳在小說《一種玩笑》裡，有過如下的一段描述：「成群結隊的士兵扛著火箭筒聚集在附近的茶園，砲彈隨即轟隆隆地在對面山下掀起一陣煙硝……。」

馮輝岳描寫的，正是龍潭的兩大特色——軍隊與茶園。山丘綿延的地形，一方面讓龍潭兼具掩護與攻擊的戰略功能，另一方面，也讓龍潭的郊野，一度在採茶的季節山歌響遍；不但家家戶戶或多或少都從

事與茶有關的工作，茶葉的收入，更曾高達全鄉農業總收入的八成。

龍潭鄉鄉民代表徐俊榮說，龍潭之所以成為茶鄉，原因不外就是「適合」。

「最適合種茶的溫度，大概介於攝氏十二到二十八度之間，年雨量不得低於八十到一百英寸；年初的早晨最好有霧；土壤最好富含有機質……。」本身家族中也經營茶葉生意的徐俊榮侃侃而談，「而這些，都是位處丘陵地，土壤排水良好的龍潭所具備的。」

基於同樣的條件，不只是在桃園縣，離開大溪、龍潭兩鄉鎮後，循台三線繼續往前走，包括新竹縣的北埔、峨眉，苗栗縣的頭份，南投縣的名間，乃至嘉義縣的竹崎，只要在某個轉彎處，閃進更小的縣道、鄉道、或不知名小徑，往更深處的山林走去，一片又一片碧綠於山坡上的茶園，就展現在眼前。

「茶、糖，與樟腦，是一八六○至一八九五年間，台灣的三大出口品。」學者林滿紅在其《茶、糖、樟腦業與台灣之社會經濟變遷》一書裡，詳細地記載了這幾項經濟作物對台灣曾有的重大影響，「其出口值，占同時期全台出口總值的百分之九十四。」其中茶的主要產地，對照該書，幾乎是沿著今天台三線的中北部丘陵路段而展開。

產業的運輸需求，促使地方聯絡道路初步形成，終成今日台三線的前身；而產業所累積的記憶——種茶、採茶、炒茶，一切與茶有關的生活，也在時間的發酵下，終於錘鍊成最寶貴的文化資產。

二十一世紀的現今，隨著整體茶葉外銷走軟，包括桃園縣龍潭鄉在內的茶園產量遽減（右上）。十九世紀末，一本西方出版品中，刊載有關福爾摩沙茶園與採茶姑娘的插畫（右下）。

73

時至今日，在文化創意產業觀念的興起、政府大力的推動下，除了大家熟悉的五月桐花節外，以茶、飲食以及客家文化為中心，桃竹苗一帶圍繞著台三線的客家聚落，等同於帶狀的「客家生態文化經濟走廊」。

每到週末假日，一輛又一輛的遊覽車，載滿了四面八方來此旅遊的人潮。頭戴斗笠、身穿蓑衣、口唱山歌的採茶姑娘雖已不復見，並為機器所取代，但勤儉樸實、熱情好客的精神，卻依然充滿於這些客家鄉村。

龍潭的「龍泉茶」、北埔的「椪風茶」，以及峨眉的「東方美人茶」（其實皆指「白毫烏龍茶」），吸引各方人士前來品茗，絡繹不絕；客家美食的誘惑，則往往是請君入甕，吸引人認識客家文化最好的媒介；而當他們漫步在規模或大或小的「老街」時，即使對歷史不盡熟悉，也還是能感受到那一股思古之幽情。

從漢番交界線，到殺戮戰場

但同樣是思古幽情，有些情輕，有些則是情重。按照林滿紅的說法，除了茶葉以外，樟腦的提煉與集散，也造就了不少內山的城鎮。

「因樟腦與茶葉而興起的山區城鎮，有大嵙崁（今大溪）、三角湧（今三峽）、鹹菜甕（今關西）、樹杞林（今竹東）、貓里（今苗栗）、八份（今大湖）、南庄、三義河（今三義）、東勢角（今東勢）、集集、林杞埔（今竹山）等。」

林滿紅以超過一整節的篇幅，歷數這些城鎮的興起，與樟腦的關係。而如果按圖索驥，便會驚訝地發現，這些城鎮除了三義較為偏西外，餘者竟全坐落在今天的台三線上。

但更重要的還是，這一條由樟腦串起的產業線，也是當年所謂的「漢番交界線」。

清代初年，環繞台三線桃竹苗路段的內山，基本上還屬泰雅、賽夏，以及道卡斯族等原住民文化交錯的區域。為避免漢人墾民侵擾原住民，導致原住民反擊，康熙、雍正等幾位清初皇帝，都採取「棄地禁墾」政策。

他們在桃園龍潭到台中東勢之間，劃下無數狀似土牛的「土牛溝」，嚴禁雙方越雷池一步；但這個規定，後來卻在清代末年，因樟腦具有軍事作用，價格在國際間飛漲，在龐大利益的驅使下，進拓山區、以客籍漢人為主的移民，遂打破了規定，與原住民頻起爭端。

在峨眉鄉的富興村內，一家名為「阿良頭樟腦油」的不起眼店鋪，黃底紅字的招牌，是一百多年前的煉腦事業，迄今僅存且仍運作的餘緒。而北埔的老街上，安安靜靜坐落在同樣低矮的瓦房之間，紅磚、灰瓦、白牆，點綴著天藍窗櫺的「金廣福會館」，則是這一段漢人與原住民血腥戰鬥的記憶，最具體而微的建築。

「其實最早北埔因接近泰雅族的世居地，『番害』激烈，根本沒有人敢來開墾；後來是當時的淡水廳同知李嗣業，眼看著竹塹（新竹）地區多已開發成良田，只剩下北埔、峨眉、寶山等地尚處蠻荒，殊為可惜，才諭令客籍的墾戶首姜秀鑾與閩籍的

殖民政府曾在今日的台三線沿線建有許多腦寮，提煉具經濟及軍事價值的樟腦（右上）。日治時期隘勇線上的吊橋，台三線自古多是原漢交界處的兵家必爭之地（右下）。

林德修連同官府，三方共同出資，組成了「金(官府)、廣(廣東)、福(福建)大隘，共同開發」。

黎芳雄是新竹縣北埔鄉教育會的理事長。熱愛鄉土的他，得空就為遊客解說地方事。黎芳雄說，隨著原漢雙方衝突的白熱化，許多墾戶，也積極地設置起具軍事與屯墾雙重功能的「隘寮」，並雇請「隘丁」守衛，一條不時有血腥激鬥的「隘線」，就自此沿著台三線而形成。

關於日後成為台灣一級古蹟的金廣福會館，後世多將之詮釋為族群融合的典範。因在族群械鬥頻繁的年代，閩粵雙方常為了語言、風俗的不同，或爭奪土地、水源等因素而大起干戈；但為了共同的利益，兩籍墾戶竟願意捐棄前嫌，攜手合作，不啻是一歷史的里程碑。

無奈的原漢消長

只是這樣的一件事，如果從原住民的角度觀之，或許又是另一番解讀了。在今天的台三線上，為了這段往事，除了極少數地區，如苗栗縣獅潭鄉的百壽村，仍住有一百多名的賽夏族人外，原住民幾乎已消失無蹤。以北埔來說，隘墾時代所留下來的金廣福、天水堂，都是以漢人為中心的歷史記憶。反觀原住民，要不是退居五峰山等更為偏遠的深林，要不就僅餘一些空洞的地名，叫人平添悵惘。

離開新竹縣，台三線進入美麗的中港溪流域後，也進入苗栗縣的頭份與三灣等地；在頭份街頭的一個緩坡上，一個今名「斗『煥』坪」、昔名「斗『換』坪」的里，據聞是當年原漢雙方交換物品的地方；可是如今，這裡除了變成軍方的新兵訓練中心外，也只剩「斗煥坪麵館」、「斗煥坪水餃」等飲食店，將歷史的剩餘價值，作最後的利用。

但「求生存」既是原漢爭鬥最無奈的根本因素，也是人活著就無法逃避的事；許多時候，這當中不容有太多感慨。比較起零星的幾個歷史地名，秋天的頭份、三灣，難得熱鬧的街道，也有人為了生存而努力。但這回求生的方法，卻明顯少了火藥味，而多了汗水與喜悅——沿著台三線大馬路的兩邊，一支又一支的大花陽傘下，排列得整整齊齊的高接梨、糖梨等水果，吸引著無數遊客駐足購買；在日光的閃閃照耀下，不管是梨販或消費者，每個人的臉上盡是笑容。

「我們多半是自耕農，在參加農會的產銷班後，或是自行跟商店租借騎樓擺攤，或是透過農會安排；重要的是，生意好的時候，光是一天就可以賺上五萬多塊。」

江成平是家住珊珠湖(頭份、三灣交界處)的果農。由於他的高接梨又大又甜，很多最初只是試吃的客人，一旦食而知味，就經常一買再買。

江成平說，有些水果，其實也不全是他種的；世代為果農的他，練得一身掌握品質的好手藝，所以除了將父親留給他的幾分地，拿來專種高接梨和柑橘外，現在他也從事契作，由其他鄉鎮的果農提供高品質的水果，讓他銷售。

「從三灣開始，再下面的獅潭、大湖、卓蘭，一直到台中縣的東勢鎮，要什麼樣的

賽夏族的重大慶典「矮靈祭」，今日已成為全體台灣人共同的文化資產之一(右上)。賽夏族人豆鼎發是獅潭永興國小的母語教師，傳承祖先留下來的文化(右下)。

水果都有！」一天到晚開車在台三線上買賣、運送水果的江成平，或許對台三線的過往所知不多，卻對沿線的梨園、柑橘園、葡萄園、草莓田、柿子園等，就好像它們都掛上門牌號碼一樣，如數家珍。

「你也可以說，台三線在這裡，根本就是條『水果走廊』；想吃好吃水果，來台三線就對啦！」

琳琅滿目的水果之廊

江成平的形容，一點都不誇張。從桃園開始，直到終點屏東，台三線沿途所經城鄉，幾乎全為農業縣分；而因山區地形不適水稻種植的關係，其中又以各式各樣的水果為大宗。

以三灣以降，第一個到達的獅潭鄉為例，這個人口僅五千多的小鄉村，由仙山、八卦力山和八角崠等山脈圍繞，獅潭溪和桂林溪南北流貫，全境呈縱谷地形的它，沿途雲霧繚繞，桂竹林滿布、搖曳，堪稱是台三線最美的路段之一。

過去，獅潭因為耕地有限，桂竹筍一直是一枝獨秀的產品；但近來，眼見鄰近鄉鎮炒紅了一個又一個的明星水果，獅潭農民不但種起了柑橘，也種起了草莓來。

至於獅潭農民眼中的明星水果鄉鎮是誰？不消多說，大家自能了然於心，那就是在台三線沿線鄉鎮的排列上，緊緊尾隨其後的「草莓之鄉」大湖，與「水果王國」卓蘭。

在從獅潭前往這兩地的途中，如今甚至也不用轉往任何一條小徑了，一畦又一畦紅綠交錯的草莓田，廣布沿展在道路兩側；而頭戴斗笠、腳穿膠鞋，渾身上下裹得密不通風的農婦，坐在自製的「矮輪車」上，一邊談笑一邊滑動輪子在草莓田埂間拔草，怡然自得的農村景象，比香甜的草莓還沁人心鼻。

「大湖的草莓大概是在一九五八年左右，由農友們從台北的蘆洲正式引進。」

在大湖的農會裡，總幹事黃榮將的辦公室中，擺滿了包括副總統呂秀蓮等前來大湖視察的「長官」合照；黃總幹事說，大湖群山環繞，阻擋了季風，也讓大湖的氣候，始終維持在最適合草莓生長的攝氏十八到二十二度之間。經過長達數十年的研究，大湖草莓的種植面積，占了全鄉的百分之九十，年產量近九千公噸，交易額一億三千多萬，黃總幹事開懷地笑說，「大湖的孩子，都是草莓養大的。」

其實不只是大湖，若按黃總幹事的說法，那麼，在與台三線緊緊相疊的水果之廊，在卓蘭就是葡萄，在東勢就是柿子；再往南走——雲林斗六有文旦、林內有網室木瓜、嘉義梅山有「黑度紅」蓮霧、竹崎有龍眼、台南玉井有「愛文芒果」、楠西是密枝楊桃、高雄旗山是香蕉等等，「水果之廊」的封號，真是一點也不假。

這些種類繁多的水果，個個有各自的傳奇與故事；例如梅山在開發出三個就重達一斤、果皮極紅近黑的「黑度紅」蓮霧前，原是黑金剛蓮霧的產地；但因研發後未能及時登記品牌，才被前來接枝的屏東果農，帶回屏東後反成該地的特產；而五〇年代農復會從美國引進愛文芒果，選定全台十一處推廣試種，卻只有台南縣的玉

苗栗大湖超過四十年的草莓栽種歷史，不但使其成為草莓王國，也率先開啟了國內觀光果園的風氣(右上)。雲林古坑除了以咖啡著名外，其實也盛產柑橘(右下)。

斷層之上　　一九三五年的關刀山大地震，造成台中清水街的屋舍幾近全毀(上圖)。豐原郡的
內埔庄屯子腳一帶，觸目可及的土角厝在強震中無一倖存(下圖)。

一九九九年九二一大震後，從空中鳥瞰台中太平市，大樓如骨牌般傾頹(上圖)。為紀念九二一，位於光復國中原址的地震博物館，特別保留了災難原貌(下圖)。

井鄉獲得空前的成功；至於如今赫赫有名的古坑咖啡，雖然不是水果，但作為台灣咖啡的原鄉，在地方政府地成功行銷下，已然成為台灣知名的盛景。

在台三線兩側的沃土之上，這些水果就在果農們辛苦地栽培下，欣然成林，不但拉拔大無數地方上的子弟，也豐富了台灣產業的面貌。遺憾的是，繼充滿茶香的客家風情、記錄台灣社會變遷的產業之路後，水果之廊雖再為台三線平添一筆色彩、加深它的輪廓，但緣於台灣共計五十五條的斷層中，有超過十條以上，都與它平行、交錯或重疊，彷彿宿命一般，台灣歷史上幾次重大的震災，也就都與它脫離不了關係。

台灣是個地震島的說法，在一九九九年發生九二一大地震後，已然成為全島的共識。然而更早之前，一九〇六年的嘉義梅山地震、一九一六年的南投地震、一九三五年的關刀山大地震、一九四一年的中埔地震，除了幾樁震源發生在花蓮，其餘的地震，差不多都集中在西部平原和中央山脈的斷層帶之間。

與斷層帶重疊的宿命

以日治時代的關刀山大地震為例，當時地震沿著獅潭斷層與屯仔腳斷層疾走，伴隨著地裂、山崩、地陷、地鳴、噴砂與噴水等現象，在人口只有六百多萬的三〇年代台灣，造成高達三千兩百七十九人的死亡；前面提到過的台三線沿線城鎮，如北埔、南庄、東勢、石岡、豐原等地，皆無一倖免。

時隔六十三年，同樣傷亡慘重的九二一大地震，受災地點，也幾乎都落在台三線上，只是範圍由新竹、苗栗縣境，又擴大至台中與南投境內。在草屯開早餐店、同時也是慈濟志工的田宏富，九二一大地震當晚，遠遠地就從家中，看到幾公里外的南投天空，因公賣局酒廠的爆炸而燃起熊熊火光。

「包括烏溪橋在內，很多橋梁都斷了。」田宏富形容當時所見，一向負責連結霧峰、草屯的台三線烏溪橋，斷成好幾截；夜裡行駛其上的車輛，有四輛跌落至烏溪之中。

隔日，天亮之後，沿著台三線中部路段，大里市、霧峰鄉、草屯鎮，乃至中興新村，被地震壓垮的斷壁殘垣，透露著冷清鬼魅，從廢墟中挖出來的屍首，發硬的已死亡多時，還軟著的，則斷氣未久。

「一時哀鴻遍野。」回憶傷痛過往，田宏富仍不勝欷歔，而他在現場所看到的畫面，沒多久，也透過媒體的報導，一波波傳播到所有國人面前。

「九二一大地震波及的區域，與台三線的中部路段近乎重疊。」公路總局二工處陳敬明副處長的故鄉——名間鄉，也是重災區之一；他表示，緣於台三線長達四百多公里，單一工程處照顧不來，在公路局的編制裡，它一直是由該局共計五個工程處中的一工、二工、三工和五工等四處負責；而九二一大地震中受災最重的中部路段，正好就是二工處的業務範圍。

「災難發生之初，道路壟起坍塌以外，台三線中部路段上的橋梁，重度受損的就有四座，中度的也有兩座。」

陳敬明拿出九二一大地震的相關資料，淡忘的記憶，一下子又浮現腦海，「除了烏溪橋外，歷史悠久、始建於日治時代，

連接東勢和豐原的東勢大橋，垮了；位在南投、草屯交界、鄰近南崗工業區、南投縣南來北往交通量最大的貓羅溪橋，垮了；包括連接著名間和竹山的名竹大橋，通往鹿谷、竹山與南投的交通主要幹線延平橋，一座一座，在地震的摧枯拉朽下，全部都垮了。」

作為道路的一部分，橋梁無疑是整體交通結構中，最重要的結點。特別是像台三線這樣綿長的公路，從南到北，沿途交錯的東西向國道、省道、以及縣道，不知凡幾；所經的河川，連同山區中的小溪也計算在內的話，應該也近乎上百條。

橋梁最多的公路

尤其是比較起同樣超過四百多公里的台一線，雖然前者經過的河川多處下游，河面寬廣導致橋梁較長；但要是論起橋梁的數目，位在上游的台三線不但更勝一籌，依照公路總局二〇〇三年的公報，更以三百六十四條之多，高居台灣省道第一。

新店溪、大漢溪、中港溪、大安溪、大甲溪、後龍溪、牛稠溪、濁水溪等，台三線每經過一條河川，便以一座結構各異的橋梁，讓中斷的道路，繼續前行。而因為橋梁往往既是各鄉鎮縣市的門面，也是彼此間重要的溝通管道，因此一旦受損，不管是水電或民生用品，在運作與輸送上，立刻都受到阻斷。

所以在大地震發生沒多久後，各地橋梁受損的情況，幾乎是和道路損害的情報一樣，立刻彙集至公路局。「只要是家裡受創不大的同仁，幾乎天還沒亮，就已經集合在受創的橋墩旁，商討搶救的方法。」趙令杰當時是二工處台中工務段的工務員，世居東勢的他，本身是搶修大橋的主要人員外，就連自公路局退休多年的父親趙世治，也是當年興建東勢大橋前身——東豐吊橋的主要工程師。

「我們徹夜檢查鋼筋與壓基樁孔，不眠不休地搶通大橋，只希望後方的援救物資，可以儘快地運送到災區。」趙令杰說。

在工程處弟兄的全力搶修下，不單是東勢大橋在第一時間以工字梁撐好，以混泥土固定基座，在其餘的路段，橋梁也好、道路也罷，搶修工程就如慈濟基金會等賑災團體的救援行動一樣，以最快的速度進行。而因為他們的努力，支離破碎的台三線中部路段，得以在兩週內迅速縫補；所使用的時間，竟比當時李登輝總統所要求的一個月，還要早上十四天。

今天行經台三線中部路段，東勢大橋上，由雕塑大師楊英風設計的四座青石獅子，依舊威風凜凜地矗立在橋頭兩端；霧峰及草屯道路兩側的商店，曾經一度蕭條、但又逐漸恢復生氣；而在137k附近的「九二一地震教育園區」，則以剛好相反的方式——在受災嚴重的霧峰鄉光復國中原址，保留當初操場上隆起好幾尺高的暗橘色跑道，以紀念這段既是台三線的，也是所有台灣人的傷痕故事。

然而或許是一種宿命，緣於台三線所經路線，多數都是丘陵、山區，儘管九二一已遠，但每逢颱風、豪雨來襲，許多路段還是不免受到大量雨水的衝擊，經常坍塌、滑落。

前面提到過的、位在雲林、嘉義縣境內的湮密戰備道，便是最好的例子。作為台三線最後才納入、也是唯一一條雙線道的路段，海拔將近八百公尺的它，沿路依隨

九二一大地震中，隆起、斷裂的道路不計其數，南投竹山即是一例。台灣共計五十五條的斷層中，有超過十條以上，都與台三線平行、交錯或重疊。

阿里山西側的低矮山脈盤桓。沒有獅潭路段搖曳的竹林，卻有變幻莫定的雲霧，濛密戰備道的美，堪與獅潭段相比擬。

然而就在二○○五年的六月中旬，連日的豪雨，讓台三線約325k處，發生嚴重走山；長約一百三十公尺的路段，連同護坡石籠及上方山坡草地，整個山谷都滑落了約五、六公尺。

「每逢大雨或者颱風一來，我們就得被困在山裡。」許松木是住在嘉義大埔鄉鳥埔村的居民，在這個僅有數百人的小村落裡，許多人就像他一樣，以農務或外出打零工為生。雖然不像台三線桃竹苗路段的客家人，基於族群與歷史文化意識等淵源，對台三線有著特別的情感，但作為一條前往其他城鎮唯一的聯外道路，他們對台三線的依賴，還是不言可喻。

「所以每次大雨一來，我們就嚴陣以待。」洪璟是公路局五工處的工程課課長，他表示，為了讓鳥埔、馬頭山，還有火燒寮等偏遠地區的居民作息如常，他們往往在氣象局才發布豪雨特報的時候，便已徹夜守候山區。此外，由於濛密戰備道，剛好也是通往南部著名的風景區——曾文水庫的唯一道路，在水土保持與生態保護的雙重考量下，任何道路的施工，都需會同經濟部水利署等單位，並委請顧問公司踏勘選線，以既有道路改善到符合交通部的標準。

悠悠豐富之旅

失之東隅、收之桑榆，或許正因為如此，包含濛密戰備道在內的台三線許多路段，才能保持它彷如仙境般的景致。就在我們開車行經其上的嘉義農場時，雖然天色已晚，卻仍見好幾位單車騎士，頭戴安全帽、身著螢光色緊身運動服，一路逆風馳騁。而隨著他們的身影左右搖晃、慢慢地消失在霧色之中，台三線沿著曾文溪，越過曾文水庫後，也逐漸地離開山區，並在進入台南縣的玉井、南化，高雄縣的內門、旗山，屏東縣的里港等農業鄉鎮後，以屏東市的建國路，作為尾聲。

再一次，台三線又要落入凡塵，重回車水馬龍的都市懷抱。儘管比較起台北地區，屏東市區規模要小得多，但繼續往南的道路，光是省道就有台一和台二十七線；往東有台二十四線；往西則又是台一線。「台三線？我不知道哪一條！只知道要往北走的話，可以先走建國路，接和平路、自由路、忠孝路、九如路，再上駁國道三號。」

在市區，問了幾個人，答案如出一轍；顯然，在這裡的台三線，又得被迫隱姓埋名了。然而，隨著一路的深入走訪，我們看到這條歷史悠久的道路，裝載著滿滿的產業變遷的痕跡、族群衝突與融合的記憶，以致於它的意義，已不僅為內山居民所有，而該為整體台灣人所收藏。

一度繁華，而今樸素，台三線的獨特性，表現在歷史的時空中，也表現在當下的踏實耕耘。也因如此，在終點的綠色標誌前，當攝影師按下快門的那一刹那，忽然間，我竟覺得這條內山公路的故事，可要比那簡單的「終點——438.7k」的公里數，要更長、也更豐富得多了。

貨運列車從台三線豐原路段上方轟隆馳過，熱鬧的市場聚集了內山富裕的農產（右上）。霧峰路段的上方，施工中的高架公路將陸續成為內山地區的聯外動脈（右下）。

攀越溪壑雲端

從上巴陵空中鳥瞰，台七線進入雪山山脈後

一座座陡峭的巨峰，從大漢溪河床拔地而起，氣勢磅礡雄偉

巴陵海拔超過一千三百公尺，素有「雲端部落」的美稱

但布滿山坡的果園與農路，卻考驗著此地能否走出永續發展的坦途

（攝影／龔柏林）

一九六三年三月，北部橫貫公路正式開工，其中成敗的關鍵在三座大跨徑的鋼拱橋，分別是大曼大橋(後改名為大漢大橋)、巴陵吊橋及復興吊橋，因為它們都橫跨大漢溪上游的溪谷，地形險峻，人跡罕至，人員器材進出極為不便。更困難的是，台灣施工單位從來沒有這方面的技術和經驗。

當時擔任大曼、巴陵二座大橋施工所主任的嚴啟昌回憶說：「大曼大橋為一跨長七十一點五公尺的鋼拱橋，也是當時台灣跨徑最大的鋼拱橋。兩岸懸崖峭壁，溪谷深達八十多公尺，剛開始我們都不知道怎麼辦。只好先參考國外的專業書籍，大膽地採用索道架設法，在橋址二端分別架設了木構架，用來支持鋼索。另在木構架後

方設置混凝土錨座，用來固定支撐拱橋用的鋼索；利用索道自二端同時向中央分節吊裝橋面與鋼索，最後在拱頂處接合。」

理論上容易，架設索道也不難，但如何精確地定出鋼拱二端支撐點的橋座位置，使它的水平距離恰好與橋面同長，就困難重重了。嚴啟昌和同仁絞盡腦汁，先用三角測量法定出兩岸橋座位置，再用經緯儀測量角度；基座測定後，他們仍不放心，一再核對，深怕有任何差錯，在架設鋼拱時就無法在中央拱頂處接合了。

有一天，他偶然在書上讀到一種直接量度距離的「鋼琴線法」，心中一陣狂喜，立刻驅車下山，到開封街一家五金行買了鋼琴線；回到山上後立刻用來度量兩岸基座間的水平距離，證實了測量的結果無誤後，他們才真正放下心來。等鋼材運到工地，他們立刻架設鋼拱圈，不到一週即架設完成，拱頂接合時沒有任何誤差，高度與原設計圖相差不到二公分，歷盡千辛萬苦，大曼大橋總算如期完工。

而巴陵吊橋長達一百六十公尺，施工時以固定主索二端的錨座工程最為重要，光是為了安置縱橫交錯的鋼材，施工人員即需在岩壁上挖出一個十立方公尺的大岩洞，日以繼夜灌注混凝土，錨座工程方告完成，整座吊橋共耗時一個月才竣工。

嚴啟昌勞苦功高，日後曾出任省公路局長及省交通處長等要職。在回憶建橋過程的艱辛時，他特別推崇當時工務所的工務員巫嶙，因為巴陵吊橋最複雜的變更設計工作，是由巫員一手完成的；巫嶙的學歷只有高工畢業，但他認為巫員對土木技術的精湛程度，遠超過高級工程師。而巴陵吊橋的承包商林枝木，更是一位橋梁界的

⑦ 巴陵卡拉部落，依《聖經》故事而建的船型教堂，在迷霧中指引著泰雅族人。

奇人，雖然只讀到初中畢業，後來他在台灣所承建的吊橋總長度，據說有中山高速公路的一半長。今日的台七線，即是通稱的北部橫貫公路，西起桃園縣大溪鎮，東迄宜蘭縣壯圍鄉公館，除了主線之外，還有甲、乙、丙三條副線，分別連接棲蘭到梨山，三民到大埔，以及牛鬥到利澤簡三條道路，涵蓋了桃園及宜蘭二縣山區重要的鄉鎮。

一九一一年，日人治台後為了加強對原住民的管制，開發山地資源，開始修築桃園廳角板山(今復興鄉)至宜蘭廳圓山之間的山地道路，特稱為「理蕃道路」。由桃園起，經大溪、頭寮、三民、角板山、棲蘭，至三星，全長一二二公里，屬於警備道路，由沿線居民以義務勞役的方式完成，全線於一九一六年竣工。

道路雖已開通，但以當時的工程技術及施工品質，路面狹窄彎曲，多是砂石路，橋梁的載重亦小，顛簸難行，安全堪虞，無怪乎僅能供警備理蕃之用。

戰後，山地道路之維修開闢工程改由省公路局接管。自一九五〇至五二年止，先完成大溪至角板山道路開鑿及加寬工程；其餘路段因年久失修，導致沿線道路時斷時續。台灣省公路局為改善路況，便利東西交通，乃有修築北部橫貫公路之議。一九五八年二月完成全線踏勘、測量，決定自復興鄉溯大漢溪，經羅浮、高坡、榮華、蘇樂、巴陵、萱原、四稜、西村，入宜蘭縣境，越過中央山脈分水嶺，經明池迄棲蘭，全長七十一公里。

一九六三年三月，北部橫貫公路正式開工，於一九六六年五月完工通車。總工程費為一億零五百萬元。象徵日本殖民時代屈辱的「理蕃道路」從此走入歷史，取而代之的是國人自行開闢的北部橫貫公路。

大嵙崁文化餘緒

今日的台七線，即是沿著大漢溪而建的。大漢溪是淡水河上游，原名大嵙崁溪，淵遠流長，流域廣闊，其源頭可上溯至雪山與大霸尖山之間的塔克金溪，流經巴陵後始稱為大嵙崁溪。崇山峻嶺，谷高澗深，向來就是人煙罕見之地，要在這裡鑿山開路，穿越雪山山脈，到達彼端噶瑪蘭平原，是前人不敢想像的艱鉅工程。歷經百年持續的開發，累積前人的努力，一條橫貫北台灣的高山公路畢竟開通了。

而對世居在此的原住民泰雅族人而言，早期漢人及後來日本人的開墾和入侵，以武力逼使他們退隱深山，使他們一

【台七線小檔案】

位　　置：北起桃園縣大溪鎮，南至宜蘭縣壯圍鄉公館，途中尚經過桃園縣復興鄉、宜蘭縣大同鄉、員山鄉、宜蘭市等。

長　　度：全長為129.7公里

工程紀要：北部橫貫公路屬於台七線的一部分。公路局於一九六〇年中橫完工後，隨即著手北橫的興建。後因受「八七水災」影響而一度停頓，至一九六三年復工。

特　　色：沿途有奇偉壯闊的高山地勢，大漢溪曲折蜿蜒的溪水，及錯落有致的梯田景觀。全線多數地區為泰雅族主要居住地。

直處於艱苦的生存環境中。因此一部北橫的開發史，不僅是交通的發展史，更是一部種族之間的抗爭史，其中蘊藏著豐富的泰雅族文化、日本的殖民文化，以及以大溪為代表的漢文化，三者在融合的過程中相互激盪。走一趟台七線，恰好可以重新回顧這段歷史和文化。

大溪的歷史風貌及演變

大溪是台七線的起點。這裡不僅是早期原住民聚居之地，也是漢人最早拓墾的據點，老街上巴洛克式建築和中正公園內的水池庭園，都是日治時代留下來的遺跡。七〇年代台灣掀起的一股懷舊熱，曾使得大溪擠滿了尋根的人潮。

大溪古名「大姑陷」，是從原住民語直接譯過來的，原是對「大水」的稱呼，而後改成「大嵙崁」。大水，指的當然是大嵙崁溪的流水，二百多年前的原住民面對那豐沛的溪水，很自然地給他們居住的土地取了一個這麼美麗的名字。

一八八六年，清廷大力「開山撫番」，並在此設立撫墾總局及腦務總局，因為航運的方便，漢人開始大舉進入大嵙崁開墾，外國的洋行也跟著在這兒設立分行，從事茶及樟腦的交易，總數達三、四百家之多，使得當地的商業發展盛極一時，大嵙崁溪上帆檣林立，航行在淡水和大嵙崁之間的商船絡繹不絕。日本治台之後，日本的公司行號為了從事樟腦生意，相繼來到這兒駐點發展，所招募的工人高達數千名，一時商賈雲集，百業興隆，大嵙崁的發展達到了高峰。

可惜好景不常，因為大嵙崁溪逐漸枯竭，再加上受到歐戰後經濟蕭條的影響，河川航運盛極而衰，大嵙崁開始沒落了。到了一九一六年，船隻已無法行駛，航運不得不宣告中止，此後大嵙崁溪上再也看不到船隻的影子了。四年之後，日本政府將大嵙崁改名為「大溪」，此地名一直沿用迄今；而大嵙崁溪也改為「大漢溪」，但已難以喚回那滔滔如湧的溪水了。

如今的大漢溪仍從中正公園外流過，寬闊的河床上盡是壘壘的石頭和河沙，看起來既空曠，又荒涼，只有一灣淺淺的溪流自砂堆石際中緩緩流過。而橫跨在上面的吊橋，也因年代久遠而無法通車，只能供行人步行其間，誰能憑空想像當年「孤橋臥波」的美景？又何以想像昔日商船列隊沿溪上下的盛況？

走過大溪的大街小巷，最醒目的市招便是各式的豆干店了，從「黃日香」到「萬里香」；從「大房豆干」到「廖心蘭」；乃至其他大小品牌，可謂琳琅滿目，應有盡有。說大溪是豆干的發源地，一點也不為過。它振興了地方的產業，也帶動了觀光事業，多少人慕名而來，走的時候手上帶的都是大包小包的豆干。

下午一點多的光景，原本是商家休息的時刻，但位在和平老街的「黃日香本店」，依然不時有顧客上門。走進裡頭，樸實無華的店面，顯示的是本店的原本面貌，比起其他分店或門市光可鑑人的櫥櫃，來這兒的顧客更可感受到老店傳統的風味和親切的服務。「本店」的主人黃淑君，是黃家的第四代，談起老店的歷史如數家珍。

7 大漢溪舊名大嵙崁溪，早年水流充沛，內河航運十分發達，而鼎盛的樟腦與茶葉貿易，吸引船隻絡繹不絕，造就了大溪老街的繁華。

她說「黃日香」不是人名，而是商號。她的曾祖父黃屋（綽號大目仔）才是創始人，因為曾祖母跟隔壁一位阿婆學做豆腐，一家人才做起豆干的生意。

到了她祖父黃伯鴻時，為了防腐以延長販賣的時間，在原料中加了焦糖和五香，無心插柳卻製出了黑豆干。由於風味獨特，大受歡迎，「黃日香」的名號不脛而走。為了供應市場的需求，一九七一年黃家在信義路上開設工廠，經營的方式也從家庭副業性質，逐漸轉型為半機械化。

到了一九八三年，第三代黃文尚接棒後，正式與人合組公司，以「黃日香」作為商號，進入企業化經營的時代；不但加入休閒產品，還大量向中南部乃至國際市場外銷，形成今日集團化的規模。

至於她所負責的本店，仍採傳統的經營模式，店面樸實無華，以親切的服務以廣招徠。因此一九九一年間，政府在推動社區總體營造時，她即熱烈響應，配合和平老街再造，積極參與小朋友的戶外教學活動，使得顧客的年齡層大幅降低。她認為這種扎根的本土教育，才是產品乃至企業能永續經營的根本之計。

老街的新生

黃淑君的理念，對同屬傳統工藝範疇的木器行來說，同樣適用。同樣位於和平街的「協盛木器行」，是一家卓有口碑的老店，由第一代匠師姚土英在一九四〇年時所創，由於手藝精湛，生意興隆，家業父子一脈相傳，目前已傳至第三代。

由於木器業近年飽受大陸及越南產品低價競爭，市場急遽萎縮，一九九九年時協盛木器行開始轉型，兼做精緻的餐飲，結合木器行內復古的裝潢，開設了「姚茶館」。開張後果然生意興隆，每逢星期假日門庭若市，餐飲的收入已超過木器。

目前餐廳由姚慈盈和大嫂莊惠琪負責營運，兩個年輕女人，把這家年逾半百的木器店轉型為高雅的復古餐廳，不僅打開了新出路，也為大溪老街注入了新生命。

和平老街有說不完的故事。街尾福仁宮前的廣場，還誕生了「一代陀螺王」。一九八一年農曆六月二十四日普濟堂關聖帝君誕辰那天，由打石師父簡武雄發起的「一代陀螺王俱樂部」的會員，成功地將一枚重達一百五十五台斤重的大陀螺轉動起來，不只贏得在場數百民眾熱烈的歡呼，也為台灣締造了一項新的世界紀錄。

因為簡武雄異想天開的想法和俱樂部全體會員的努力，帶動了民眾打大陀螺的風氣，大溪也因此成為大陀螺的故鄉，至今那些屢創世界紀錄的巨無霸陀螺，仍完好如初地保存在福仁宮的陳列館裡，成為遊客到大溪遊覽時必定造訪的景點。

離開大溪老街，台七線一路蜿蜒向南，路過頭寮和慈湖，這兒是兩位先總統奉厝之地。在威權統治的年代，這兒曾是多少國人謁靈的地方；如今隨著社會的開放和政權的移轉，已逐漸褪去神祕的面紗，甚至還有人主張撤去駐守的衛兵。

近來由於開放大陸人士來台觀光的政策逐漸明朗，這兒又成了旅遊業的兵家重地，各地被拆下來的蔣中正銅像，如今全保存在這，大溪行館也重新整修為文物

⑦ 大溪鎮的「黃日香本店」內，循古法製成的豆干招徠了全台慕名而來的顧客（右上）。復興鄉的農特產品十分豐富，除了水蜜桃之外，香菇也有很高的經濟價值（右下）。

94　北部橫貫公路台七線

⑦ 全台各地被拆下來的蔣中正銅像，如今全保存在慈湖的紀念雕塑公園，桃園縣政府準備在這裡營造兩蔣觀光園區。

館，成為一座雅致的咖啡屋，縣政府準備將大溪營造成以兩蔣為特色的觀光區。時代的迅速變化，往往讓人始料未及。

過了慈湖，公路就進了復興鄉了。沿途山巒起伏，在春日和煦的陽光照耀下，滿山遍野蒼翠的林木都閃動著金黃的光芒，美麗的原民鄉的風景，一覽無遺地展現在眼前，令人心胸豁然開朗。

首先到達的是澤仁村，也是鄉公所所在地，但大家仍習慣稱為角板山。站在角板山公園可以眺望大漢溪美麗的風光，早年這兒曾設有先總統蔣公的行館，加上救國團的活動中心，曾吸引許多年輕人到此一遊。後來行館雖已拆除，公園內花木扶疏，綠草如茵，如今仍是國人休閒旅遊時喜歡造訪的地方。

角板山的命名，始於清末的台灣巡撫劉銘傳。一八八六年，劉銘傳為了「開山撫番」，在大嵙崁設立撫墾總局，曾親率清軍行經此地，見大嵙崁溪兩岸河階地的形狀如三角板，便命名為「角板山」，並在此發動了大規模的討伐「大嵙崁蕃」的戰爭。

大嵙崁蕃屬泰雅族中的賽考克列克族，世居在角板山的大嵙崁溪兩岸，為了彼此的利益，常與來此墾殖的漢人發生衝突；對漢人或其他外族而言，即是一種「番害」。劉銘傳的「撫番」或日後日軍的「理蕃」，都是針對「番害」而發動的戰爭。大小征戰不計其數，動員的兵力曾達萬人，雙方傷亡都很慘重，但打打和和，拖延經年，戰火始終難以止息。

其中最激烈的，要數一九○七年的「枕頭山之役」，原住民與抗日義軍結合，固守在枕頭山上。日軍傾全桃園廳的警力，再由台中、南投增援千餘軍警，展開慘烈的肉搏戰，雙方激戰四十多天，死傷殆盡，日軍才攻下山頭。此一戰役，至今仍為復興鄉老一輩的原住民津津樂道。

現年七十七歲，住在羅浮村的退休教師林茂成的家族，就曾參與這段歷史。他的祖父瓦旦謝促是三角湧(今三峽)大豹社的頭目，並任抗日聯合陣線「大嵙崁前山蕃」的總頭目，輾轉來到角板山組成山地義勇軍，與日軍纏鬧了三年，互有勝負。終因彈盡援絕而潰敗，自己也在枕頭山戰役中壯烈成仁。

諷刺的是，瓦旦的子嗣樂信瓦旦(也就是林茂成的父親)，卻接受日本的高等教育，畢業於台大醫學院前身的台灣醫學專門學校，後改名為日野三郎，並受聘為台灣總督府的評議員。台灣光復後又改名林瑞昌，先後當選省參議員及第一屆臨時省議員，可說是日本殖民政府和國民黨刻意栽培的原住民菁英，卻在五○年代的白色恐怖時期被捕入獄，最後因匪諜罪被槍決。

談起這段往事，林茂成至今仍為其父感到不平，他們一家也因父親的案子受到牽累，長期生活在被監視的陰影中，讀書就業都備受打壓。直到解嚴及二二八事件平反後，他們一家才走出陰影，重見天日。

他的三子林日昇畢業於陸軍專校，退伍後曾在復興鄉公所服務，現在則任職於公路局羅浮工務段。問他們父子，為何身為白色恐怖的受害者家屬，還選擇就讀軍校？父子二人同聲答道：因為家裡已窮得沒錢供他讀書了。乍聽之下雖是個笑話，

⑦ 一九二三年林瑞昌(上圖左)於巴陵吊橋上留影；一九五一年他(下圖左四)與高一生(左二)、湯守仁(右三)等原住民政治菁英合影於阿里山，他們三人皆於白色恐怖中被羅織入罪後槍決。

雲端部落 宜蘭縣大同鄉「四季國小茂安分部」一年級學生上課的情景，該校總共只有十八名學生（上圖）。由於高冷蔬菜經濟價值高，茂安村的泰雅族人紛紛改種高麗菜（下圖）。

徐盛銘的父親二十六年前遠離平地的生活,在台七線上的巴陵部落,開設這家機車行(上圖)。上巴陵卡拉部落的老人在香菇烘焙寮內生火取暖,一邊閒話家常(下圖)。

仔細玩味，卻有更深沉的悲哀和無奈，令人難以釋懷。

從澤仁村到羅浮村，不過十五分鐘的車程，大漢溪來到這兒，溪面突然開闊，眼前出現了兩座龐大的橋梁，一為紫色，一為紅色。再仔細一看，紫色的是就是復興吊橋，紅色的則為羅浮大橋，從某一個角度看，兩座大橋似乎重疊在一起，成為橫跨大漢溪上的一道紅紫相間的彩虹，襯托在蒼翠的山林和偶爾飄來的煙嵐之中，真是美極了。復興吊橋左右兩側，各有兩座石鼓造型的石雕，刻有泰雅族流傳的「射日英雄」的神話故事，為雕塑大師楊英風的子嗣楊奉琛所設計。漫步橋上，俯身下望，才能感受到大漢溪溪谷的壯闊。

而新建的羅浮橋就在一旁，相距不過百來公尺。因復興吊橋不堪大型車輛長期衝擊，承載力漸感不足，加上橋面狹窄，僅容單向通行，成為交通瓶頸，一九九二年間，乃由省府籌資建造，於一九九四年完工通車。羅浮橋造型優美，不僅是台灣西部進入北橫公路跨越大漢溪的第一座鋼拱大橋，也是東南亞跨徑最大之上承鋼拱橋，已取代復興吊橋，成為台七線經過的交通孔道。至於復興吊橋早已封閉，禁止車輛進入，僅許遊客步行上橋，成為一座名符其實的觀光吊橋了。

車過羅浮橋，繼續沿台七線南行，進入雪山山脈後，一座座陡峭的巨峰，從大漢溪河床拔地而起，峰峰相連，連綿不絕，氣勢磅礡雄偉。山坡上時可看到原住民的住家，各自形成部落，散布在雲天接壤之處，好一幅天上人間的風景。車行約四十分鐘，便來到了巴陵。

還沒進入巴陵，首先映入眼簾的便是巴陵大橋與巴陵吊橋相依偎的身影，一雄偉，一秀麗，儷影成雙，彼此相看二不厭，正是遊客徜徉其間的心理寫照。

巴陵大橋的興建與羅浮橋如出一轍，都是為了解決原有吊橋不敷交通需求而興建的。二○○五年才完工通車，全長二百二十公尺，拱高三十七公尺，遠看就像是一隻龐大的鋼鐵巨獸，弓背伏臥在大漢溪的峽谷之上。有趣的是，這麼一座陽剛的鋼拱橋，漆的卻是粉嫩嫩的水蜜桃顏色，好像一位勇猛健壯的男子卻以呢喃軟語的聲調告訴大家：「這兒是水蜜桃的故鄉。」

每年的五月到八月，是水蜜桃出產的季節，巴陵乃至整個復興鄉，都進入最忙碌的狀態。復興鄉公所為了促銷這項農產品，十年來每年都舉辦水蜜桃季的系列活動，而且一年比一年盛大。

水蜜桃之鄉的興起與沒落

近幾年還舉辦了水蜜桃公主選拔，透過媒體的報導，知名度愈來愈高，遊客也愈來愈多，上山的車輛回堵嚴重。羅浮大橋及巴陵大橋通車後雖紓解了車潮，但每逢水蜜桃季仍有賴交通管制才能使車流順暢，這就是推動觀光和農產品的兩難吧！

鄉長林信義說：復興鄉自有的財源十分有限，一切建設都得仰賴上級政府補助，所以各項建設都不如理想。好在山上的農特產品十分豐富，除了水蜜桃已打出知名度外，鄉內出產的甜柿、香菇、綠竹筍和高山鱒魚，也都有很高的經濟價值，值得進一步向外推廣。

儘管歷任鄉長都十分努力，地方也在逐年發展進步之中，但地廣人稀，卻改變不了經濟落後的現實。林鄉長沉痛地表示，

復興鄉共有十個村，面積占全縣三分之一，但人口只有一萬多人，其中泰雅族人占三分之二。由於缺乏工作機會，年輕人都外出求學或就業。留下來的村民只能種水果或做小生意，等而下之的僅能靠打零工維生，日子過得都很辛苦。

另外三分之一的平地人，由於擁有一技之長，或善於精算，不管經營果園或開店做生意，都比泰雅人強，因此村裡的商店大多是他們經營的。

現年六十歲的徐雲騰，是桃園中壢人，原本是遊覽車司機，二十六年前隻身來到復興鄉，在巴陵小街上開設了「蘇樂機車行」，除了修理、買賣機車外，十多年前他也買了一片山坡地，種起水蜜桃來。賺了錢後，他又承包了村裡的自來水工程，一個人從事三種行業，實在忙不過來了，二年前才把機車行交給兒子徐盛銘經營。

小徐今年二十九歲，六歲就隨父親上山，由於車行就在台七線旁，徐盛銘就是看著路上來往的車子長大的。他聽說北橫未開通前，道路很狹窄，全是碎石子，一路彎彎曲曲，從大溪搭公路局的車子到巴陵要二個半小時，所以少有遊客上來。

直到北橫通後，情況才有改善。但一九八七年間水蜜桃盛產時又開始塞車了，經常一塞就是一整天，旅客無法下山，只好留在山上過夜；有時連旅館都爆滿了，很多人都在旅館打地鋪，或睡在車子裡，那真是巴陵難得一見的黃金時期。

近年來，巴陵明顯在走下坡了，由於塞車嚴重，加上晚近「宅急便」盛行，很多旅客都改用訂購的方式，由快捷送下山。二〇〇六年雪山隧道通車後，台北人去宜蘭更方便快速，大部份遊客都捨北橫而改走北宜高，巴陵一帶的生意更是一落千丈，很多飯店和旅社的生意都做不下去。

我們到當地採訪時，巴陵小街上果然冷冷清清的，午餐時居然找不到館子吃飯，因為絕大多數的館子都拉下鐵門，連生意也不做了。一葉知秋，這種冷颼颼的氣氛，即使遇上假日恐怕也難以回溫吧！

離開巴陵，原本一路朝南的台七線，開始朝東，經萱原、四稜，一路盤旋上升。沿線都是高聳入雲的山嶺，台七線就在雲海之間穿梭前進，每一個轉折，都足以令人屏息。過了棲蘭之後，又朝東北急轉彎，高度慢慢下降，最後終於跨入宜蘭縣的大同鄉境。

台七線來到這兒已接近尾聲了，沿途都是蘭陽溪乾枯而荒涼的河床，放眼望去，景觀頗為單調，經過的大多是尋常的原住民村落，沒有什麼特色。

大同鄉的居民大多是泰雅族人，早年他們即結社居住在蘭陽溪兩岸的山坡地和平地間，目前共轄有十個村，人口卻不到六千人，地廣人稀的問題比復興鄉還嚴重。

台七線經過的是北岸的三個村，依次是英士、松羅及崙埤村。

英士村位在公路底下，需下一道陡坡才能進村。村子依山而建，教堂建在最高處，可俯瞰全村，村內遍植花木，景色十分優美。雖有四百多人聚居，四下卻靜悄悄的，看不到什麼人影。

村長李芬蘭說，村民有七成是從復興鄉遷移過來的，因為大同鄉地勢平坦，氣候溫暖，可種水稻，也比較適合居住。五十多年前，他父親和很多親朋好友即陸續遷移來此。早年村民以種稻、打獵為生，後來發生兩次大水災，把稻田都沖走了。一

九七六年間，他們改種香菇，由於經濟價值較高，大家的收入增加了。

但不到十年間，種香菇的樹幹都被砍光了，菌種的成本又大幅提高，香菇已沒人種了。人口便大量外流，到都市打零工。直到一九九三年，南山、四季二村成立了高冷蔬菜專業區，需要大量人力，人口才又回流，但沒有其他收入，村民的日子還是過得很辛苦。

近年來英士村正積極地發展觀光，像梵梵野溪溫泉、排骨溪、觀光果園及部落人文區。每年五月，是桃子出產的旺季，前來摘果的遊客日增。李村長更與部落大學結合，開設婦女編織、舞蹈及母語教學，希望能振興泰雅族的傳統文化，村民參與的意願都很高，讓李村長充滿了幹勁，希望文化也能成為觀光資源。

松羅村境內有松羅湖、松羅溪等天然美景，沿著松羅溪還闢有松羅國家步道。近年來推動的玉蘭休閒農業區，成功地打造出「玉蘭茶」的品牌，村內一片翠綠的茶園，製茶廠林立，還有十餘家茶園改建的民宿，景致優美如畫，空氣中飄浮著濃郁的茶香，已成了大同鄉新興的旅遊景點。

崙埤村內有鄉公所、國小、教堂，以及泰雅生活館和泰雅工藝坊，各種設施齊全。公所前方的泰雅大橋橫跨蘭陽溪上，通往三星及羅東，全長一千多公尺，因此這兒既是大同鄉的行政、文化中心，也是交通、觀光的樞紐。

鄉公所的祕書謝本源今年五十七歲，在公所服務的時間已長達三十四年，鄉內的歷史發展和各項建設，無不了然於胸，可說是大同鄉的萬事通。他的祖父謝清海世居巴陵的深山，一百多年前為了狩獵，沿著山稜線走了七、八天下到平地，因這兒的野獸較多，也有水田可耕種，便定居下來，並引來族人相繼遷移來此聚居，成為今日的崙埤村。

早年蘭陽溪的溪水湍急，村民渡河時常被溪水沖走，他父親謝青山有一次到溪邊拾柴，即不慎失足而被沖走，那年他才七歲。有了這個悲慘的教訓，他一直希望能在蘭陽溪興建一座橋梁，以保障村民的安全。泰雅大橋就是他積極向上級爭取建成的，總經費兩億元，一九九七年九月的通車典禮，就是他主辦的，總算可以告慰他父親在天之靈。

他說，以前村人都得走到對岸三星鄉的天送埤搭車，或者走到樂水村，搭太平山的森林火車，才能到羅東，來回都得花上一天時間，非常不便。直到北橫公路通車後，才有車子到宜蘭，從此改變了他們孤立的生活圈，生活及經濟的情況才有所改善，崙埤村也才有今天的規模和面貌。

離開大同鄉，台七線一路向北，經員山到宜蘭市，再延伸到壯圍鄉沿海的公館，即走完了全程。一闋雄渾壯闊、高潮迭起的高山公路交響曲，至此戛然而止，歷史的影像幾經迴旋，也從發黃的扉頁，回復到當下喧鬧的市街場景。

音沉響絕，我們只能揮揮手，說一聲：再見，台七線。走完它，我們彷彿見證了北台灣這頁百年的交通開發史，也重溫了這段豐富而多元的文化發展史。走過它，歷史已翻開了新頁。

⑦ 地處台七線支線的宜蘭三星鄉雨水充沛、日夜溫差大、土壤肥沃，當地產收的蔥風味十足（右上）。走完台七線，一闋雄渾壯闊、高潮迭起的高山公路交響曲，至此止歇(右下)。

⑦ 為整治蘭陽溪，宜蘭縣政府在蘭陽溪中、上游開採砂石，疏濬河道以避免洪水氾濫。但環保團體卻指出，如此大規模的開採反而造成橋墩裸露，堤防掏空、崩毀，道路崩塌。

【日治時期的理蕃道路】

繼清代的「開山撫番」後，日本治台期間，為求有效統治殖民地，曾以長達數十年的時間，投注相當多的精力於台灣全島的研究與調查上。他們所鎖定的對象，除了是台灣的山川、文物、地質、形貌外，還包括了居住於島上的不同族群。

接收初期，面對各地風起雲湧的反抗，日本政府的注意力一直都集中於對平原地帶、以漢人為主的反抗勢力上；直至西部平原的情勢大致底定，不再有大規模的武裝對抗，當時的總督佐久間左馬太，才開始將管理重心，轉向山區及原住民。

公元一九○九年(明治四十二年)，在佐久間左馬太的主導下，日本政府先是成立「蕃務本署」，訂定所謂的「理蕃事業五年計畫」；自公元一九一七年(大正六年)起，為進一步監控原住民的行動，理蕃道路的開築，更成了殖民政府的重要政策。

在日人北野民夫所編的《蕃人移住十年計畫書》中，關於「理蕃道路」的好處，曾詳細條列如下：「對蕃人之壓制，極為有利」、「確定警察機關之配置」、「事件發生時，可作最靈活的處置」、「物質之供給、搬運便利」、「增進蕃人之農耕能力及其他經濟生活之改善」，以及「從事蕃地內各種事業之必要措施」、「通信上的利益」等等。

然而在眾多好處之中，日人傾全力著眼的，無非還是對原住民的控制、對山區山產、林木等資源的掠奪。根據林古松等人的研究，在日人所築的理蕃道上，通常都是沿著等高線在山腰盤繞，遇河川則以吊橋聯繫。道路寬度多半不超過一點五公尺，路面不鋪石片，只在特地處鋪碎石，以供人行為主。

而為了防範原住民反抗，從一九一四年(大正三年)到一九二八年(昭和三年)間，日人由北到南，所修築的十四條主要理蕃道路中，幾乎每一條道路上，都僅隔三到五公里，便設有一警官駐在所。

這些駐在所，除了在固定的時間負責辦理戶口普查、掌握原住民的一舉一動外，原住民若因細故或受到不公平待遇而起身抵抗時，駐在所更瞬間化為軍事單位，理蕃道則成為日本軍警出入鎮壓原住民的軍事道路。

以北橫公路台七線為例，一九一一年，日人治台後為了加強對原住民的管制，開發山地資源，開始修築桃園廳角板山至宜蘭廳員山之間的山地理蕃道路。

這條路，原本日人統治泰雅族的原住民之用，但在開發過程中，由桃園起，經大溪、頭寮、三民、角板山、棲蘭，至三星，共計一百二十二公里的長度，日人卻強求沿線居民，都必須以義務勞務的方式參與築路，直到一九一六年竣工，這不啻是一大諷刺。

道路作為對外交通的橋梁，原本是人探索外在世界的路徑，但在殖民帝國的宰制下，道路已然成為權力的化身，也即帝國掠奪與侵略的工具。理蕃道路的形成與用途，似乎就是最好的例子。　　(文/陳世慧)

---

⑦ 一九一四年，佐久間總督發動太魯閣地區的戰役，以先進武器攻伐原民部落(右上)。日警與泰雅族人合影於角板山，此地是一九○七年殖民政府「理蕃」事業的開始之地(右下)。

東部縱貫公路台九線 ⑨

放逐與允諾之地

貫穿東部的台九線，是台灣最長的一條省道
蜿蜒山與海之間，它穿越的地形多元且複雜
大山大水也大肚能容，而循著夢土般的台九線
破碎的心靈、疲憊的身軀，都在後山的臂彎中得到安慰

我們抵達玉里的時候，太陽正要下
山；秀姑巒溪的粼粼波光，是夕照
的餘暉，也是水面下的魚群，優游地穿梭
於石縫中。

在與溪流近乎平行的台九線上，放眼望
去，每隔一陣子就有車子呼嘯而過。五十
多年了，每一個剛被送到這裡的病患，面
對這落日蒼茫的情景，心中的感覺，想必
也跟我此刻一樣感傷。唯獨，我只是一時
的過客，而他們一生的歲月，卻全都要被
禁錮在這裡。

一九四〇、五〇年代，國民政府從大陸
撤退來台；年復一年回不了家，少部分人
積鬱不發，日久，竟演變成精神疾病。

一九五四年，原本安置在苗栗竹南的一
些軍職病患，因居民的抗議，不得不將病

患轉移到改設在花蓮玉里的陸軍第六療養
隊。又過了四年，陸軍第六療養隊合併宜
蘭療養所，改名為玉里榮民醫院；當時全
台灣所有的軍職精神障礙者，就全部集中
到這裡。

玉里，一個風光明媚的小鎮，號稱東部
第三大城；清代沈葆楨為了「開山撫番」，
劃時代地規畫了三條通往「後山」的北、
中、南路時，它既是北路蘇花古道、即今
台九線部分前身的重要據點，更是中路八
通關古道的終點；然而，自從玉里榮民醫
院、玉里養護所相繼在此成立後，人口不
過三萬兩千餘的小鎮，卻有高達五千之譜
的精神病患。被送來囚禁的病人，目送他
們一去不回的親人，多少的淚水，就沿著
台九線灑下。

但比較起當年的與世隔絕，如今依然矗
立在台九線旁的它，新的大樓不再有過去
的高牆；幽靜的前庭種了些花草；社區化
的潮流下，精神狀況穩定的院友，還可以
在固定時間，結隊到鎮上買東西。

莫非是養護所的關係，自此，不單是玉
里，整個東部，都予人流放之地的印象；
而大山大水也真是大肚能容，多少破碎的
心靈、疲憊的身軀，都在這裡得到釋放。

生意失敗、從高雄跑到花蓮市區夜市賣
皮包的林先生說，他想在這裡先隱姓埋名
一段時間，看能不能有天東山再起；幾年
前婚姻出了問題，連帶地也把飯碗弄砸了
的黃姓牙醫師，躲在台東一個以稻米知名
的小鎮一整年，他說，只想放空。

然而，如果從台灣發展史的角度來看，
「後山」之所以帶有放逐的意味，不能不說
是有地理條件與政治兩個因素同時造成。
從宜蘭、花蓮、台東到屏東，這一狹長約

占台灣三分之一面積的區域，億萬年前，一場造山運動，雪山山脈與中央山脈自島嶼的中間隆升，台灣被分隔為東西部；高山的阻隔，讓歷來台灣的政經中心，都選擇落腳在擁有廣大平原的西部，而東部，不僅與西部少有往來，就是同為東部的各地區，彼此間也多處於各自封閉的狀態。

東部唯一縱貫道

整個東部地區，就像前面所說的，要等到蘇花古道開闢後，封閉的狀態，才首度出現移動的可能性；但在那之前，直到有清一代，除了宜蘭在乾隆年間，有吳沙率眾入蘭開墾，其餘如花蓮和台東，都還屬於阿美、太魯閣、布農、卑南以及排灣等各原住民族部落活動的空間，極少有漢人出現。

日本占據台灣之後，最初的眼光也只落到西部；直到同樣為了國防需求，及覬覦龐大的資源，建設的重心才慢慢地轉移到東部。一九四〇年，為了運輸東部糖、米等物資，他們除了興建花蓮港之外，也徹底整修東部道路，提升其為公車、汽車皆可通行的道路；而日本鹽糖會社，也看中花東蔗糖業的前景，更選擇在光復鄉設立糖廠。

在今天台九線約250k處，許多人經過這裡時，都很難不被一支巨大的白色煙囪所吸引。就像煙囪上所寫的四個大字——花蓮糖廠，這裡一度曾是台九線上最為繁華的地方之一；在糖廠的帶動下，小小光復鄉最盛時，沿著台九線兩側，種滿一千多公頃的蔗田；小鎮裡頭，更有學校、診所、公賣部酒保、郵局，和兩家分別名為「樂仙樓」與「卡富也」的酒家。

「那時候啊！從中國大陸沿海福建、廣東等省分，到西部的虎尾，東部的宜蘭，都有人來這裡討生活。」今年七十四歲的葉仁炎先生從糖廠退休後，便致力於糖廠歷史的研究。他說，在戰亂的年代，有些人聽早些來到糖廠做「會社工」的鄉親說，只要籌足船資，來到花蓮後，其他吃的、住的，都算廠方的。

哪有這麼「好賺吃」的地方？三餐不繼的人，對這些話尤其容易心動，於是捆好簡單的行囊，便即刻上路。

「他們身上的錢，通常只夠買船票；在高雄下了船後，只能沿著台九線，靠雙腳走上三百公里的路程，來到糖廠。」葉仁炎補充，「而即使是『本島』的人，情況也差不多。」

戴春福老先生，他的家族來自宜

【台九線小檔案】

位　　置：縱貫台灣東部的省道。北起台北市中山南路，南迄屏東縣楓港。

長　　度：總長471.117公里

工程紀要：台北蘇澳段自一九六〇年代開始興建，一九七一年完工。蘇澳花蓮段於一九八〇年拓建。花蓮台東段，一九五八年改建，一九八九年完成。台東楓港段，一九六五年改善，一九八三年完工。

特　　色：全台最長的省道，由北到南縱貫整個東部縣市，著名的「羅斯福路」、「北宜公路」、「蘇花公路」、「花東公路」及「南迴公路」，皆是台九線部分路段。

通往後山之路　新店市區，兩位老榮民小心翼翼地過馬路(上圖)。離開新店後，台九線就進入彎曲的北宜公路段，台九線在坪林路段附近，放眼盡是綠油油的茶園(下圖)。南方澳南天宮媽祖廟，從過去以來，就一直保祐著出海的船隻(右圖)。

蘭礁溪；同樣為了謀生，當年他的祖父才會帶著父親，一路從宜蘭、羅東，沿著蘇花公路步行到花蓮。就像前面提到過的，當時的蘇花公路，比清代的古道好些，卻還只是一條一公尺多寬、鋪著碎石的單線道；走在其上，只要一個不小心，就可能掉落山谷、摔得粉身碎骨。

榮民開發總隊

但再糟糕的路況，似乎都阻擋不了一波波的移民，沿著夢土般的台九線，千里迢迢而來。從北到南，九彎十八拐、繞得暈頭轉向的北宜公路沒辦法；崖高一千多公尺、壁仞千尋、驚濤拍岸的清水斷崖沒辦法；就連夾峙於海岸山脈與中央山脈之間的花東縱谷、地處邊陲的東南海岸，也都沒辦法。

繼糖廠之後，礙於地理條件的限制，東部地區雖少有像糖廠那樣的大型工業，能吸引可觀的勞動力；但富饒的土地、肥沃的良田，還是讓肯踏實打拼的人，在這裡看到無窮的機會與希望。

因此，隨著國際糖價低迷、台灣糖業沒落，糖廠跟著關閉後，還是有人基於自願或被迫，相繼從四面八方，在這片不被看好的「後山」落腳。

大約是在一九六七年左右，導演陳耀圻曾拍過一部名為《劉必稼》的經典紀錄片。紀錄片的背景所在，就在緊鄰著台九線的花蓮壽豐鄉。影片中，一群幸運地未曾死於沙場、也沒有發瘋的外省老榮民，在政府的安置下來到後山；為了自立更生，他們胼手胝足，一個畚箕接著一個畚箕，在木瓜溪乾枯的河床邊，扛著泥土石頭，築起堤防，填出可耕地。

「當年政府對撤退來後山的榮民，總共有三種安置方式。」今年八十四歲高齡的師雲山，曾連任台東縣東河鄉三屆縣議員；任內他念茲在茲的，就是寄寓於花東地區的榮民。

師雲山說，根據每個榮民自身的條件，政府分別提供他們「開發河川地」、「榮家就養」與「散居社會」三種選擇。

先說榮家就養，他們多半是退伍時年資不到，無退休俸也無家眷，只好選擇住在有同僚相伴的榮民之家；而散居社會的，則是有年資或家眷，所以選擇自營謀生者，例如他自己。最後，關於「開發河川地」的那一批，也就是上述的榮民，師老先生說，「他們是對開發台東貢獻最大的一群人。」

師老先生說得極對，但後山美地，廣納四方遊子；就像悠悠台九線，也任各式各樣的人來、人往。

前述被納入「開發大隊」，專門拓墾河邊荒地的老榮民，除了在木瓜溪上闢耕地外，他們在花蓮溪畔開發的過程中，絕對是因為有從西部遷入的移民合作，才能開闢出大片的水產專業養殖區。那外殼黃澄澄的「黃金蜆」，如今是壽豐鄉最著名的特產。近年來，地方民眾更辦起趣味性十足的「摸蛤仔兼洗褲」活動，吸引許多遊客迫不及待地下池捕蜆。

除了養殖業外，冬天的花東縱谷，來不及看金黃的稻浪，卻有二期稻作收割後，為了培養地力而栽植的綠肥；有的暫時種

日本殖民政府於一九二一年開始修造南方澳漁港，完成後吸引了許多西部人口的移入（右上）。五〇年代從軍中退役，被政府安置在台東的榮民周近忠，晚年以書法自娛（右下）。

台九線蘭陽平原路段，輕易可見這樣的漠漠水田，天光雲影共徘徊；這般恬淡的鄉村之美，但願不因道路的開發而稍減。

以一望無際的油菜花，碧綠萬頃；有的剛灌注了圳水，映著銀色天光；但不管是哪一種美，都與這幾年花東縱谷的米馳名天下，搭配得極為相稱。

沒錯，如果你是重視養生的都會人，這幾年來，說不定吃的就是每月固定宅配，產於花蓮的富里、玉溪米，或產於台東的鹿野、關山、池上米。

根據玉溪地區農會總幹事龔文俊表示，花東縱谷稻米的種植，早在一九一八年就開始。然而米質雖好，礙於沒有行銷的觀念，一直只能孤芳自賞。二〇〇一年，花東縱谷國家風景區管理處為了協助農民促銷，推出共同品牌「縱谷好米」；卻因糧商只照顧自己品牌的關係，案子推了兩年便無疾而終。

幸好，農委會農糧署在二〇〇四年底，也開始辦理全國糧食米競賽。比賽規定，全省兩百九十四個農會的成員都可以報名參加，賽事可謂空前激烈，而得獎者也實至名歸。

我們遇到去年的冠軍米得主林龍星，是在池上鄉公所趁著休耕時節，舉辦的「油菜花冬之戀」的活動上。在偌大的油菜花田裡，主辦單位設計了一個超大型卡通狀的稻草人，還有拔河和扯鈴等民俗遊戲。小孩在金黃的田野中奔跑，大人們難得輕鬆逍遙，他們也許都不知道，自己也成了台九線的一景。

不下田的冠軍得主，坐在茶棚一隅，和朋友聊天聊得暢快；問及為什麼這幾年花東縱谷的米，老是在稻米競賽中脫穎而出時，他邊笑邊把手上的茶放下：「在中央山脈和海岸山脈之間，縱谷每天都享有最乾淨的空氣；」林龍星弩弩嘴，指著不遠處的卑南溪，「加上，我們有水質最乾淨的卑南溪水，當然就能種出好米！」

西部來的移民

住在鹿野的許金昌，雖不認識林龍星，卻也同意老前輩的說法。他同時補充，老前輩是道地的阿美族人，對土地的了解要比他深刻許多。

原來，許金昌是在九歲那年，才隨父母親來到台東。一九五八年，西部發生有史以來最嚴重的八七水災，包括苗栗、新竹以降，一直到雲嘉南，創傷之重，甚至引起國際關注。面對已然被洪水摧毀的家園斗南，許金昌的父母親考慮離開；然而要去哪裡？──台北太繁華，怕適應不了；西部受傷甚深，怕觸景傷情；於是，有一天，帶著一家老小，他們決定前往從來都未曾照過面的「後山」。

從斗南搭台糖的「五分車」前往嘉義後，換上一般的火車，他們在屏東的林邊下車過了一夜；天矇矇亮之後，又換上公路局，直抵台東。車子在台九線的南迴公路段搖搖擺擺時，車窗外是靜謐的太平洋，望不見底；但車窗內卻有顆小小的心靈，洶湧著對未知的不安。

無論如何，他父母親所帶的錢只夠跟在地的阿美族人，買一塊位在山坡上的地開始種種蕃薯和花生，但不斷地努力下，父親往生的隔年，他已攢夠了錢，又在台九線旁買下一小塊水田；從此，他跟這塊土地的聯繫更緊密了。後山如今成了他的前山；而台東也從他鄉，變成了故鄉。

類似許金昌這樣的例子，在台九線上比比皆是。就像許金昌說的，東部除了原住民外，其他都算外地人。然而，東部成為

許多人「二次移民」的首選，追根究柢，還可以包括日治時期的農民移墾。

東部地區的全面開發，始自日治時期。殖民政府看中花東發展的潛力，除了建設糖廠、港口與道路，對殖民地的資源巧取豪奪外，當時也從四國與北海道等地，發起一波有計畫的農墾移民，希望透過農業實驗，將台灣東部改造為一農業天堂。

今天，沿著台九線的花蓮吉安鄉，你會看到最道地的日本神道院——慶修院；在鳳林與壽豐，則有許多低矮平整的房舍，整齊劃一的鄉道，一眼便可看出，當年移民村的精心布局。

日本作家司馬遼太郎，有次來到花蓮參訪時，還曾十分驚訝於它的日本味。還有一群日本老人，每年都會回到壽豐鄉的豐田村，緬懷過去在台灣的居住時光。每當他們看到、撫摸到兒時熟悉的事物，或許是一棵老樹，或許是一個台籍老友，淚水總不禁奪眶。

二次移民新故鄉

看來，一改過去許多人的成見，認為只有失意、落拓、跑路的人，才會躲到「後山」，近年，連同在文化與學術圈，除了「土產」的詩人、作家，例如陳黎、林宜澐等，一直都沒離開過後山外，九〇年代初期，孟東籬與知名漫畫家敖幼祥等，也相繼搬入花蓮。

加上東華大學、慈濟大學、慈濟醫學院的設立，吸引許多高級知識分子來到花蓮成為新移民；連同真正的原住民在內，除了已消失在蘭陽平原的噶瑪蘭族外，散居於花蓮縣內的阿美族、太魯閣族，在花東縱谷與中央山脈的布農族與卑南族，還有東南沿海的排灣族，都有越來越多的遊子，迭經異鄉的迷失與流浪後，紛紛在覺醒後返鄉，並且用個人或團體的力量，試圖幫助族人走出困境，化解原住民不事生產、而台九線只是「抬酒線」的汙名。

位在台東縣延平鄉的「布農部落」，是其中最著名、也最成功的例子。二十多年前，當白光勝牧師還在基督教長老教會時，便已利用教會資源，找來大批平地大學生為村內的學童做課後輔導。同時，他積極推展文化產業，在部落中訓練並對外表演傳統舞蹈、銷售地方農產，僱用近百位村民，保證收購村民所種的農產品，具體改善了村民的經濟生活。

靠著布農部落的收入，還有全台灣一萬多名會員的捐款，基金會一年有七千多萬的預算，幾乎是延平鄉公所的一年支出。

而相對於白牧師多年累積的成就，年輕的潘素燕，從繁華台北回到玉里赤科山，雖然不到幾年，但她一邊協助姊姊種植金針，將傳統農業轉型為休閒農業；同時也接受文建會的培訓，逐家逐戶地展開田野調查，凝聚社區情感，並結合社區內三到五十六歲的民眾，成立以當地地名命名的十三彎劇團，旨在記錄「十三彎的小路，十三彎的記憶」。

暱稱「燕子」的平埔族的她，曾在都市裡流浪、打滾，做過皮件公司助理、打雜等工作，心中卻老覺得不踏實。但回到自己的故鄉後，潘素燕說，雖然每天又忙又累，但，好充實。

一幕幕令人振奮的畫面，像電影一樣在台九線播出。在離258k不遠處的一家由客家人開設的擂茶店，我們也遇到劉翰安和黃韻齡兩位歌手。

劉翰安原本在台北的流行音樂圈，幫周華健、王傑等人寫歌；母親生病後，他重回花蓮，「意外地」發現台九線上兩側的好山好水，並深受感動。他因此發現故鄉才是創作的沃土。他決定留下來後，便與黃韻玲聯手，短短的兩年內，他們以東部為素材，寫下了超過六十首的歌曲。

《美麗相遇花蓮港》、《縱谷油菜花》、《太魯閣峽谷》、《海角樂園》，他們的歌，就像專門為台九線所量身打造的。當他們把夢想寄託給後山，後山，其實也實現了他們的夢想。

台九線上的美善足跡

但較諸文學、音樂與藝術，台九線上，還有另一種美。那種美是在他人需要幫助的時候，適時伸出援手，並陪他走一段。

很長的一段時間，宜、花、東三縣，因為開發較晚，生活普遍困苦；地形的狹長，也讓有急難病苦的居民，動輒得花上好幾個小時才能就醫。

相對於幅員的廣大，東部地區的醫療資源，顯然過於匱乏，因此，先有四〇年代基督教門諾醫院，將上帝的愛帶來根植花蓮；五〇年代，天主教的羅東聖母醫院，也成為宜蘭地區的醫療重鎮；接下來，六〇年代中，日後對全台灣影響至大的慈濟，更是以花蓮為中心，先後發展出慈善與醫療志業。

開車循台九線由北而南，過了滿是台泥、亞泥等水泥產業的和平、崇德後，靠近秀林鄉與新城鄉的交界，約195k處右轉，就可看到不遠處北加禮宛山山腳下寧靜的田園中，矗立著一座沉靜肅穆的灰色建築。四十多年前，在原本以大理石工業著稱的新城，當台九線旁某家的石材店，工人正以鋼鋸揮汗切石，發出刺耳的噪音時，一名年輕的比丘尼，卻帶領著幾位弟子，在此蓋起了一間小屋，靜默卻堅持地展開修行。

接下來的故事，想必大家都不陌生；那僅容旋馬的空間裡，日後發展出的，卻是一個規模廣及慈善、醫療、教育、人文等四大志業；國際賑災、骨髓捐贈、環保與社區等八大腳印，以及據點廣布全球五大洲三十餘國的慈濟世界。

從某個程度上來說，今天從台九線上花東路段的或近或遠處，就可看到整個慈濟世界的大半縮影。在花蓮市區的中央路，莊嚴卻廣開大門的靜思堂，緊鄰著東部地區第一所綜合醫療院所——慈濟醫學中心；而慈濟教育志業的重鎮——慈濟大學與中學，則側身其右。至於成立於一九九九年的玉里醫院，就位在台九線292.5k旁；一如近日於大愛台播出的「大愛劇場」【關山系列】的首播劇《愛相隨》，講的也是毗鄰台九線331.7k旁，關山醫院院長潘永謙的故事。

有趣的是，因為醫院緊依著台九線，在《愛相隨》裡，台九線也意外地頻頻入鏡。而主角骨科醫師潘永謙院長，戲裡戲外救治的傷患，幾乎多是在關山一帶出的車禍；然而該路段筆直而寬敞，路況其實不錯，有人因此戲言，莫非是路況太好了，駕駛人反而掉以輕心？

其實道路本身是沒有意志的，一如百多

9 二期稻作收割沒多久，又到了一期稻作插秧季節，這樣的農村生活，在台九線上隨處可見（右上）。花蓮縣新城鄉的靜思精舍，是全球慈濟人的心靈故鄉(右下)。

年來的台九線，從四散的荒郊小徑變成蘇花等古道；從足供人行的步道，又在日人手中成為汽車車道；一直到國民政府一再修繕、拓寬，將北宜、蘇花、花東、南迴四大路段加以連結，這當中，台九線從來沒有，是自己跳出來表達意見。

蘇花高興建爭議

道路也是沉默的；但當它們被開闢後，影響卻極深遠；連日來，往返於台九線上，幾次都聽到有關蘇花高興建的爭議；重環保？爭發展？議題方興未艾，卻多少在主張保持好山好水的新移民，與強調經濟發展的舊移民之間，出現誰比較愛花蓮的聲音。

撇開這些爭議，新道路的出現，究竟對東部最主要的幹道台九線，帶來什麼樣的影響？

先說另一條也曾爭議迭起，如今已順利通車的北宜高好了。北宜高通車後，最明顯的就是同為台九線的北宜公路，車潮與人潮在一夕間變少。

這當中，台九線北宜公路段上最重要的城鄉──坪林，對此感受最深。以包種茶聞名的它，過去旅客開車經過北宜公路時，總會順道在此駐足品茗，順便也帶回去一兩罐茶葉。但現在，「咱以前賺錢是用畚箕掃的，」在台九線35k左右的坪林鄉茶葉店裡，林姓老闆娘哀怨地吐了口大氣，「今嘛喔，連一個禮拜日的早時，嘛賺不夠吃。」

不只是坪林，就連素以危險著稱的北宜公路，道路本身所經歷的變化，恐怕也是百年來第一遭。還記得過去行經北宜時，恐懼於種種怪力亂神之說，選擇一上路倒頭入睡，是最常避免恐懼的作法。但現在，車潮變少的同時，近年公路總局戮力改善路況有了美麗的結果，九彎十八拐的好幾彎，就跟一座座花圃一樣。

沒車的北宜公路，「現在根本就是重型機車的天堂！」專跑北宜公路的卡車司機林志賓，也從他自身的觀察這麼說。他另外舉了一個例子，以前在金面大觀，有個專門賣茶葉蛋給運將先生的「老芋仔」，生意好得連附近軍營的小兵都想跟他討教；但自從北宜高搶走了北宜公路的車潮，茶葉蛋老闆也迅速反應市場，搬到兩條路在礁溪的交接口，另起爐灶。

高速公路的開發，確實對既有幹道具有一定的影響。只是話說回來，同樣是台九線，如今宜蘭縣境內的礁溪、宜蘭市，乃至到羅東的路段，因北宜高將大量人潮直接輸送往蘭陽平原，比往常都要熱鬧。至於緊接著北宜的蘇花公路段，從北宜高於二○○六年六月通車後，不過半年而已，下北宜高的旅客轉接蘇花公路前往花東的小客車流量，根據公路總局第四處南澳路段段長陳世昌表示，竟從每天五千多輛，暴增到每天九千多輛；成長幅度之劇，幾乎超過百分之六十六。

「幾家歡樂幾家愁」，或許是北宜高通車後，對台九線北宜公路與蘇花公路兩個路段最佳注解。至於蘇花高如果真的興建了，日後又會如何？在工程尚未定案前，誰都不敢講。

但可以感覺得到的是，花東地區的一些

清晨的光復鄉，一名老婦透早就背起菜擔沿街叫賣(右上)。吳金洺是台東卑南鄉農民，為了大家吃得健康，他選擇投身有機農業(右下)。

原鄉傳奇 拍攝於日治時期的盛裝阿美族人影像(上圖)。台東縣大武鄉的大鳥社區,幾位排灣族婦女,一邊看顧小孩一邊與鄰人聊天談笑(下圖)。

赤腳的孩子以石頭和木棍練球，讓人想起過去那段刻苦而光榮的紅葉記憶(上圖)。紅葉少棒隊出身台東延平鄉，他們的傳奇引領當地學童不斷投入棒球運動(下圖)。

民眾，已對蘇花高的延遲興建感到不耐煩。往返奔馳台九線的那幾日，在花蓮擁有不少讀者的地方報紙《更生報》，便在二〇〇七年一月二十五日的〈社論〉中，直接挑明地說：「蘇花高決策是國家治理能力的檢驗標準」；而最近才崛起的《東方快報》，在隔日的頭版頭條中，也以「沒有蘇花高，花蓮房地『慘』」做為標題，比較北宜高完成後宜蘭房地產的熱潮，與花蓮房地產的冷清。

迎接旭日之地

看來，至少在地方輿論上，傾向興建的呼聲，是遠高於作罷。然而根據環保團體「綠色陣線協會」的說法，如果我們回顧蘇花高的起源，不難發現這個原本幾乎胎死

腹中的重大開發案，是在「挑戰二〇〇八」的政院策略下，再度被提出來；而根據提出方案的經建會的設計，在蘇花高之後，將還有所謂的「國道南橫」以及「國道東部—中橫快速道路」，形成「全島高快速公路網」。

有人說，台灣真是個大公路主義；密密麻麻的公路，已讓灰撲撲的水泥，封死了台灣所有的綠水青山。

比較起宜蘭的急速改變，花蓮的期待改變，台東呢？這個號稱才是台灣真正最後一片淨土，後山的後山，又怎麼看待像這樣的一件事？

把「國道南橫」與「國道東部—中橫快速道路」興建計畫，請教有直接相關的台九線最尾端的台東太麻里鄉的居民，只見鄉親們憨憨地笑說，「還那麼久的事，現在說還太早！」

再次，來不及在太麻里迎接一天的第一道曙光，卻又在落日下山之前，結束這一次的採訪。那溫煦的金光柔和地灑在海面上；曾經，它照耀過台九線還不存在的東台灣，也照耀過台九線成形與完成過程中，從四面八方循著它的身體，前來這美麗的東台灣，討生活與尋夢的人。

多數的時候，他們都圓了夢；少數或許奇蹟還未發生，但值得等待。只是有朝一日，如果東台灣不再美麗，是否還會有人，循著台九線來此尋夢嗎？

把問題丟給逐漸淪落於黑暗中的夕陽，但它急著下班，不回答。或許，或許明早等它再升起時，那一輪見證過台九線與東台灣發展的旭日，就會有答案。

⑨ 參加世界原住民大會的排灣族孩童(上圖)。秋收後的稻田中，正好舉行一年一度的池上油菜花節(右上)。玉里赤柯山所生產的金針燦爛一如東台灣，鼓舞著人心(右下)。

【蘇花古道開拓史】

「峭壁插雲，陡趾侵海；怒濤上擊，炫目驚心，軍行束馬捫壁，蹜蹜而過，尤深險絕……。」福建陸路提督羅大春在《台灣海防並開山日記》中生動地敘述蘇花海岸的樣貌，他在一八七四年開鑿的古道即是今日蘇花公路的前身。

蘇花古道開通的原因要追溯至公元一八六八年，當時德國商人美利士（James Milisch）以後山不屬中國為由，與英人荷恩（James Horn）合謀侵墾大南澳，並與當地原住民進行交易買賣。此事讓清廷警覺到了後山的問題。

其實外國人與後山原住民交易接觸並非頭一遭。早在荷據時期，荷蘭人就曾遠渡太平洋至後山淘金。

當時，荷蘭人在降服瑯𤩝諸社（今恆春），聽聞當地原住民說卑南（今台東）山中出產黃金，開始計畫征服後山，奪取黃金。一六三七年，長官布爾克（Van Der Bruck）去卑南搜刮黃金，卻一無所獲，布爾克又耳聞里腦（Linouw，今花蓮吉安鄉）有黃金，驅軍北上里腦，但被當地原住民所打敗。一來一往的鬥爭下，直到一六四五年，荷人派出十艘軍艦，去攻打不服的原住民欲奪得金礦，但依舊徒勞無功。

這段淘金傳奇的歷史，荷蘭人扮演著侵略者的角色。但在無形之中，也留下了許多奪寶之路。

八年之中，荷人所開鑿的路徑，北至哆羅滿（今花蓮縣新城地區），南至卑南。雖未能得到黃金，但對於東部道路的開發可說不遺餘力。在他們所開發的路線中，台東至新城，正好是台九線行經的路段，剩下未完成的台九線，直到了清領時期才有了進展。

一八七一年，琉球漁民漂流至八瑤灣，被牡丹社原住民所殺，日本政府藉口保護屬民為由，攻打牡丹社。察覺事態嚴重，清廷乃派沈葆楨為欽差大臣來台處理，並經此教訓後，由沈葆楨組織墾民，分南、北、中三路，開通後山。

蘇花古道即為當年開發的北路。由提督羅大春帶領墾民完成的這條道路，以蘇澳為起點，以花蓮港為終點，共計約有兩百零五里（約今之一百零二公里）。

日治時，日本人循羅大春開鑿的北路整修，並在沿線設立七個警駐所以維持警備。但因道路崎嶇難行，日人遂於一九一六年重新規畫，開工拓建蘇澳至花蓮之道路，費時七年才完成。

第二次世界大戰後，蘇花臨海道更名為蘇花公路，在北迴鐵路尚未通行前，是唯一接連蘇澳到花蓮的主要道路，但只能採管制放行式之通車，直到一九九○年才完成了雙向通車。

從荷蘭時代至民國，三百多年來，前人一點一滴建立的漫漫長路，雖然在每個時代都有不同的名字，但不變的是，它依舊崎嶇難行。行經台九線，除了欣賞週遭的山巖溪壑之外，仔細思索道路由無至有的歷史，也許對道路與人的關係，會有更多體會。　　　　　　（文／鍾澤）

---

⑨ 清水斷崖位於花蓮縣境內，長約五公里，岩壁陡峭幾近直立，為台灣島上最高的臨海絕壁。圖為日治時拍攝，公路蜿蜒斷崖而行的景象。

花東縱谷

在中央山脈與海岸山脈間，三大水系沖積出的肥沃谷地，
台灣最長的省道——東部縱貫公路台九線筆直前行……

台東關山 23° 2′13″N 121° 10′19″E/914m

中央山脈與海岸山脈間的花東縱谷，有如一條綠色走廊；以產良質米知
名的台東縣關山鎮即在此間。縱谷的物產，仰賴道路往都市傳輸。

台灣的後山——花東地區，是人們口中台灣的後花園，更是福爾摩沙最後的淨土。

這裡有豐富多變的地質結構，有巧奪天工的自然美景，還有異采紛呈的人文風貌；加以開發程度遠較台灣西部低，人為破壞與汙染相對較少，近年來吸引了大批的觀光客與移居者。

在此區域內，有台灣最大的河谷——花東縱谷。

花東縱谷是位在中央山脈(西)與海岸山脈(東)之間的狹長谷地，北起花蓮縣木瓜溪南端，南至台東市北界，西、東則以縱谷遙對中央、海岸山脈的第一道稜線為界，南北長達一百五十八公里，寬度在三至七公里之間。

花東縱谷自北到南，有花蓮溪、秀姑巒溪以及卑南溪三大水系縱橫流布，綿密的流域網絡，形成這東台灣群山之間的農業精華區。

而在平疇沃野的地表下，卻是由玉里、池上等斷層所構成的破碎地層。由於花東縱谷位處中央山脈(屬歐亞大陸板塊)與海岸山脈(屬菲律賓海板塊)之間，在兩大板塊的擠壓作用下，造成縱谷所在的地層活動而產生斷層。在地表之上，三大水系支

秀姑巒溪瑞穗段
23°29′2″N 121°25′27″E/914m

秀姑巒溪在玉里鎮北入花東縱谷，在縱谷間穿行之後，由瑞穗鄉折而向東切穿海岸山脈，於豐濱鄉大港口部落入海。數萬年前，秀姑巒溪下游河道侵蝕海岸山脈形成峽谷，並襲奪花蓮溪的河道而形成今日面貌。曲流水急，加以兩岸壯麗景致，使得秀姑巒溪成為泛舟勝地。

流多發源自中央山脈東側，河川在進入縱谷後，因流經地質的差異，而有切穿、迂迴、侵蝕……等不同作用，因此形成峽谷、瀑布、曲流、河階及沖積扇等各種地理景觀。

除了天然的山河美景外，河系縱橫下的生命脈動，也孕育出縱谷渾然獨具的人文風貌。

原初，縱谷的表層土壤多為含沙礫的河川沖積地，地力保存極為不易。但在歷來先民的辛勤耕耘下，今日的縱谷已發展出稻米、茶葉等農產，並擴及畜牧及養殖產業，儼然台灣東部的一大穀倉。而在輸出農產之餘，隨著季節變換的田園景致，往往招徠遊人目光，從而也成為本地重要觀光資源。

在這片豐饒的土地上，不僅有閩籍、客籍先民留駐開墾，同時還滋養了阿美、泰雅、布農、太魯閣、排灣及卑南等原住民族。不同的族群，代表各自不同的風俗民情與歷史傳統，這些是縱谷內極具代表性的文化資產。

為維護此地珍貴的生態體系，並兼顧觀光事業發展，政府於一九九六年核定花東縱谷為國家級風景特定區，並設置管理處，以永續經營這片台灣最後的淨土。好山好水，是留予後代子孫的豐厚資產，亟待你我疼惜與愛護。

光復原野迷宮
23°37′1″N 121°24′57″E/183m

光復原野迷宮，就位在花蓮縣光復鄉境內省道台九線公路旁。原野迷宮在占地十多公頃的土地上，以田菁、洛神花、青葙等植物整齊地栽植，構成廣袤大地上巨幅的阿美族勇士圖像。

東海岸公路台十一線 ⑪

後山後慢板快奏

台十一線依山傍海，沿途村落步調緩慢的生活卻混搭著高速過往的車輛
比起早期的崎嶇，而今筆直的公路給了當地居民一個更靠近前山的渴望
時光荏苒，送走尋求都市夢的部落青年，也帶進懷抱海洋夢的新移民
驀然回首，怎麼也沒想到，興盛的不是故鄉，而是「他鄉」

每個人都曾動過心念，將自己置換在另一個時空，好擺脫日漸麻痺的百無聊賴。想像一望無際的海洋，想像吹著鹹鹹的海風，想像賴在海邊做日光浴，想像逃離城市的喧囂，聽著金曲歌手陳建年吟唱「我背著釣竿獨自走到了東海岸」，躺在海邊作作白日夢，想像波西米亞的浪漫情懷……。

想像無限，但，真正踏出去的又有多少？因為，「後山」好遠。

到了美國，一個美國同學知道我來自台灣就說：「那你一定很會游泳？海泳？」我愣住了，覺得他問得很奇怪，我不會游泳，而且，不會游泳的人很多；甚至於在南部漁村生活的十年中，很少見到村人在海裡游泳。他為什麼認為來自台灣的一定很會「海泳」？

「因為台灣是個島啊。」他倒覺得我很奇怪。　　　　　──《面對大海的時候》

這是龍應台在思索台灣海島文化主體性時，不禁想到她在美國留學的一段經歷；台灣四面環海，海洋文化的資源，無論有形無形，照理應成為我們最富裕的資產，但歷史的濫觴，中原文化的移入，我們對海洋一向抱著若有似無的態度，好似知道自己是海島國家，但對海卻很陌生。

環顧四周，滔滔台灣海峽，靠近可能會被對岸派遣的「水鬼」（中共蛙人）摸走，泱泱太平洋，總感覺距離遙遠，彷彿只配擺置在地理課本裡，說明我們仍是環太平洋國家的微小注腳。

台十一線，即是在後山邊陲概念下，默默成為離廣袤太平洋最近的道路。

據《台灣道路發展史》記載，東部濱海公路花蓮港至大港口間，即今靠近花蓮與台東縣界段，為早期由人行走之「產業道路」，而從大港口至台東卑南段，由於腹地較為寬廣，於公元一八七七年闢建道路，日治時期循此路加以修築，是為台十一線之前身。

二戰後，國民政府來台，開發順序也是先北而南，由西而東，政府以「交通建設為開發之母，尤以公路為最」基本方針，積極進行島內建設。恰好，一九五〇、六〇年代正逢美國對台灣經濟援助，俗稱「美援」，其政策對開發東部資源及土地利用的觀念與政府相契，歷時三年於一九六八年通車。

花東地區山多陡峭，可以開發腹地本就

⑪ 清明時節，榮民子弟回到東河鄉軍人公墓憑弔先人，這裡已成了他們的故鄉。

狹小，比較境內兩條公路，台九線承載了早期移民的鄉愁，中橫公路台八線的開發，或多或少帶有經濟或者政治上人定勝天的思維。

早期這裡其實沒有公路的概念，只有「海岸」道路、「濱海」道路等，用地形及風景直觀地表達道路。一九六八年的開通，充其量只是政府將道路公路化，一九七五年才依「台灣省各級公路橋隧涵洞編號要點」編號為「十一」，至此沿用至今，原是政府為方便管理做成的分類，但一般人的印象，恐怕不是政府對路線分門別類的良意，而是專屬於東海岸的想像。

「後山後」時空變化

以這條身處海岸山脈以東，太平洋以西的狹長道路而言，可以用「後山後」來形容交通運輸的不便；過了花蓮大橋的鹽寮村，村內寥寥數戶低矮的房子旁，現在充斥著外地人蓋的各式民宿及遠來飯店，旁邊翻修過的鹽寮派出所，好似海洋公園一旁站崗的警衛，與少數留下的陳舊房舍格格不入。

七十幾歲的村民陳敏興用閩南話告訴我，「自細漢時陣，常常聽長輩說這裡是後山後，後山『勾翻蹬』來到這，早期這

附近攏是原住民，哪有現在那麼多的飯店旅館啦。」後山後表達的不僅是地理上的現狀，還有當地居民對自身狀態無力掌握的無奈。

台十一線花蓮段的工務所，辦公室就坐落在花蓮大橋東海岸的起點，對公路工程議題著墨甚深的陳麗華，本身即參與許多台十一線工程的興建規劃，她指出，「政府公部門心態的轉變」，輾轉呈現公路景觀演進。

她攤開資料娓娓描述，「早期公路只求暢通」，沿線土地資源開發大於本身開鑿意義，公路本身單純為運輸的載體，現在則慢慢考慮到公路與土地的關係。一九九〇年行政院通過了國家建設六年計畫，配合八〇年代經濟高速上揚的時空背景，使台十一線的角色由開發東部資源轉換到「提振經濟與發展觀光」，早期時而細狹，時而彎曲的道路，對政府而言已不符流量的需求，除了土地開發，還要引入外地資源加速交流，拓寬公路便成為當時開發的首要方針。

台十一線從花蓮南埔的吉安鄉算起，過了花蓮大橋才算真正緊鄰依山靠海的東海岸，早期的產業道路，拓展至今日，成為能夠雙向會車的兩線道。而板塊造

【台十一線小檔案】

位　　置：北起花蓮縣吉安，南迄台東縣太麻里北端，起點與終點皆與台九線連接。

長　　度：總長為182.506公里

工程紀要：一九三〇年，由日人完成海岸公路台東至靜浦段，俗稱花東海岸公路。一九六五年，公路局開始修築花蓮、台東段，預算項目列為「東部產業道路新闢工程」，實則均非產業道路。

特　　色：緊靠海岸山脈、太平洋，鄉鎮腹地狹長，原住民部落散居兩側，主要為阿美族及部分噶瑪蘭、卑南族。每逢夏季觀光客絡繹不絕，近年來，海岸阿美豐年祭與賞鯨活動常成為觀光特色。

山運動，海岸山脈被抬升隆起，山脈直逼海岸，腹地有限的東海岸，勢必得向兩旁開發。

花蓮境內豐濱鄉以北山脈地質脆弱，一遇颱風，常常容易因山崩挾帶大量土石，造成道路中斷。任職於花蓮縣政府的原住民都固回憶，早期住水璉時，因其行政上隸屬於壽豐鄉，但鄉公所卻在翻過另一座山頭的台九線上，「我們坐客運，沿著公路往花蓮市區，再往南開到壽豐鄉，常常來回就要花掉一天的時間。」

水璉盆地前後靠山，遇到颱風坍方，「我們跟孤島一樣」，出去必須「翻過海岸山脈，經過米棧村，然後再涉水穿越花蓮溪到達花東縱谷的豐田社區」，拓寬後，「至少還可以留一線道讓我們出入」。

看來，國建六年其中目標之一「減少因颱風災害而阻斷交通」，對地方居民產生了強烈共鳴，但為何當初的拓寬工程引起極大反彈？

起因於花蓮在地人黃雍熙，曾經在一九九六年投書媒體，隨後引起《民生報》高度興趣，一連七天為其大篇幅報導，最近他為了蘇花高興建爭議，收集資料，頻頻接受媒體專訪，極力阻擋「九年九百億」的政治大餅，那種雖千萬人吾往矣的傻勁，讓人回憶起當初阻擋財團開發火力發電廠案，以及他太太廖惠慶親筆用手寫滿滿的信，陳情各部會首長，質疑台十一線拓寬的必要。假設火力開發廠進駐成功，旅遊書上只要提到東海岸，必去的景點「牛山呼庭」就會從眼前消失。

花東細狹的海岸道路，往兩邊拓寬的結果，不是向海岸山脈借地，就是將路開到更靠近海岸線，為了防止海浪侵蝕道路，投擲消波塊以減低衝擊。「如果要發展花蓮觀光，我請問，挖山填海的政策到底給花蓮帶來什麼好處？」黃雍熙反駁說。觀光產業是花東最大的資產，觀光客行駛於此，常讚歎於這裡一望無際的海岸線，「海天一色」在這裡並不是形容詞，如果整條海岸公路都堆滿消波塊，他反問，「誰還願意來花蓮、台東？」

回憶當初的反對拓寬，到今日的反對蘇花高，黃雍熙挑明了說，「外界總以為我們環保團體愛唱反調，我們不是反對公路，我們反對的是沒有願景的建設」。

誰的自然？

有人曾將台灣「寶」島暱稱為台灣「堡」島，用以反諷原本是塊瑰寶的台灣，因為層層的消波塊及突堤，竟不自覺的當起堡主。到最後，「一直挖山做消波塊，一邊擺，海一直淹上來侵蝕，最後山也沒了，海也沒了，」黃雍熙無奈感嘆，「還好因為有戒嚴，山和海才能夠被保護著，想不到解嚴之後，我們還是無法接觸海洋」。

事過境遷，攤開歷史的卷軸，即使立法委員在一九九八年凍結預算，對比現在拓寬路段的大興土木，結果還是令他們沮喪，不過，也迫使公路局做了兩次東部濱海公路的修正計畫，將焦點由經濟與觀光，慢慢轉移至道路的景觀，與生態永續概念的重視。

二〇〇一年，當時的交通部長葉菊蘭視察台十一線，也曾指示配合地質與環境，

⑪ 隧道工程貫穿海岸山脈，將原本的二線道截彎取直，主體已施工完成(右上)。工人正在鋪設壁磚，預計趕在二〇〇七年暑假旅遊旺季前竣工(右下)。

143

將台十一線建設成景觀公路。

現在花蓮段因生態與地質方面的爭議，重新規畫了其中五個標段工程，回頭檢視民間團體的努力與監督，乍看充滿無力，實際擾動的能量，大大影響政府操作思維的方向。

但如果單純認為投「肉粽」（消波塊諧稱，因狀似故稱之）只是生態平衡與否之間的兩瞪眼論述，似乎忘了傾聽第三種聲音。不只一位水璉村民告訴我，「消波塊歹歸歹，可是你們觀光客來這邊咻過來咻過去，一天兩天就回去了，颱風來對你們沒影響，我們每天住在這走不了，沒有消波塊，海浪直接打到我家，影響的是我們的安全。」

中央氣象局統計資料顯示，自一九六一年起，侵台颱風大部分在東部外海形成，其中對東海岸公路沿線影響嚴重的，約占全體比例三成，或直接或間接掃過台灣。加上東海岸村落緊鄰海岸，颱風引起的海浪，除了侵蝕海岸線，嚴重者更衝擊至路面上，而消波塊可在第一時間，擋住颱風的立即風險。

海岸侵蝕與景觀破壞，對當地民眾的意義，被高高地供在廟堂之上，安全對他們來講是不可承受之重，自然本身並沒有意義，對兩方而言，或許只是詮釋的差異。

拓寬道路的興建，讓交通往來更便利，但比起筆直延伸的台九線，還是有人以行車速度判斷，戲稱台十一線是「台九線的替代道路」。前面提到的「後山後」，台十一線從花蓮縣南埔開始，一路下到鹽寮、水璉、新社、港口，延伸至台東的樟原、

宜灣、真柄等……，幾乎皆為原住民在地部落，同樣在大後山概念下的花東人，極欲擺脫西部客加諸於己的鄉下人印象，同時，也想試試，賺錢賺到「淹腳目」為何種滋味，九〇年代初產業東移政策、公路改善與拓建也是政府施政下「促進地方經濟繁榮」的體現。

部落現狀

照理，東海岸沿線鄉鎮將因為拓寬，經濟繁榮指日可待，滿布阿美族部落的台十一線，花蓮中部的新社村，是噶瑪蘭族主要聚落；族人自稱「Kuvarawan」，意思是「平原的人類」，清朝年間受到漢人的打壓從宜蘭被迫輾轉遷徙至花蓮，甚至一度隱藏自己身分，好見容於漢人社會，直至二〇〇三年才通過成立原住民族。

新社前筆直道路，也是台十一線拓寬成景觀公路的結果，如果不放慢車速，很難發現這裡有個「噶瑪蘭族工藝之家」，裡面陳設噶瑪蘭傳統香蕉絲編織文化；整條公路上固然有一股悠然、緩慢步調之恬適，對亟欲擺脫烏煙瘴氣的都市人，人煙稀少反而是一種快意。

但將車子停在路邊，用走的前往部落，心裡不自覺浮起：「年輕人都到哪去了？」只剩下三三兩兩的建築工人，還有聚在一起的老阿嬤用我聽不懂的噶瑪蘭話打量我，好似一邊一國。問起年輕人的下落，得到的答案不是在花蓮市上班，就是在台北做板模工，一位老阿嬤可能覺得我的問題很多餘，笑嘻嘻搭上一句話回應，「年輕人在這裡要做什麼？」

---

⑪ 為了保護公路及住家安全，花東海岸線大量投置消波塊，但卻也破壞了原有的景觀(右上)。成功新港漁港於一九三二年闢建完成，是東海岸興建最早、規模最大的漁港(右下)。

致力文化復興的噶瑪蘭族後裔潘朝成，為噶瑪蘭正名運動主要推手之一，行政院原住民委員會公布的原住民失業率為四到五個百分比，他以實地所見所聞表示，「我看要乘以好幾倍才夠」。

國建六年的公路拓寬計畫，將促進地方經濟繁榮列為目標，《二○○八觀光倍增計畫》裡，也強調利用東部獨特人文景觀，發展地方特色，以拉長觀光客停留的時間。有了便捷的交通，進而促進地方產業，年輕人樂意回到家鄉貢獻，理論上開花就要結果的邏輯，在這裡只有戲謔式的無奈。

每逢暑假，東海岸秀姑巒溪的泛舟活動，長虹橋連結跨越溪谷，從橋上往下看，總可看到密麻如織的遊客，穿著救生衣和涼鞋，在蜿蜒跌宕的溪谷，產生一陣陣尖叫與驚呼，最後在出海口終點分泌腦內啡，露出歷劫歸來但意猶未盡的表情，很多人往前看，讚歎秀姑巒溪出海口的壯麗，但很少人把頭往上抬，更不用說知道這裡相傳曾是阿美族的發源地。

留住文化才能留住人才

港口部落莎娃綠岸文化工作室創辦人Lafay告訴我們，傳統豐年祭對族人感染及號召力較強，除了在外地討生活的遊子，也吸引遊客慕名前來，不過其他祭典對部落年輕人相當陌生，一來因為長期在外地討生活，部落祭儀無法及時參與，二來部落文化式微，年輕人把傳統與落後畫上等號，有意無意地排斥部落，總是讓想復興部落巫師祭儀月舞文化的她沮喪不已，她

並告訴我們，其實很多部落青年都不喜歡都市，「但在部落又不知做什麼」。

部落文化失序，成為最典型東海岸特色，沿線羅列的部落，加之台灣從農業社會漸轉至工、商業，部落強迫且毫無選擇地被迫適應，無法拒絕、自外於人口外流的漩渦裡，因為家門前面就是公路，公路將青壯年帶到人多的地方，老的小的擺一邊，為了還未清晰的都市夢。

「但是那裡又有哪容得下我們呢？我們只能窩在工地扛水泥，把身體搞壞，再回到這裡喝啦喝啦，喝醉就不會鬱卒了。」一次工地意外，讓阿美族人巴義在台北汐止「告老還鄉」，脫口說出令人鼻酸的這段話，說出口的是無奈，哽在咽頭的是身為弱勢族群的憤懣。

舉豐濱鄉為例，花蓮縣政府的統計資料顯示，不管公路有無拓寬，人口與居住戶數仍逐年下降，潘朝成解釋，「一九六八年以前，東海岸各村落幾乎都是自給自足的半部落社會。」他並指出，日治時期，新社庄是豐濱鄉的米倉，沒有公路，這裡自成一區，資訊封閉，自然也就沒有人口外流問題。

一些具強烈部落意識的文化工作者，極力扳回失衡的文化，如果要發展觀光，部落文化沒有特色，做得再好人家也不會來，部落沒有機會，年輕人不會留住。因此，潘朝成在新社大力推動香蕉絲編織，期望復興噶瑪蘭手工藝，有了工藝做後盾，部落發展才能自己創造就業人口，年輕人有了誘因，看到希望才會回流。

公路作為運輸媒介，帶走了一批，也同

⑪ 台東成功海生館提供民眾海洋生態的教育展示(右上)。台灣史前博物館研究助理林娜維從台十一線道路拓寬工程搶救出的殘骸中，尋找古文化遺址的研究標本(右下)。

⑪ 成功舊名「麻荖漏」，是花蓮及台東兩地阿美族在此開拓而成的部落，日人建港後改稱「新港」。這裡擁有得天獨厚的黑潮洄流，漁獲豐富，日治時期阿美族人不少即仰賴捕魚維生。

時帶進另一批群體，頗符合花東的移民性格。相較日治時期或是國民政府時期，當權者有意識地集體遷入台九線側，台十一線讓原民依尋此路，踏進前山夢，前山子民從沒看過的大山大水，一踏進後山即心神嚮往，一來一往間，形塑整條東海岸嶄新面貌。

東海岸風景對原住民來說，就像呼吸空氣般自然，對移居此地的前山人，驚訝於開闊海洋風景之餘，一連串夢幻民宿名稱「聽濤閣、不老海洋、白色地中海、近月旭海……」應運而生，在在表現主人對浪漫情懷與歐式風情的想像投射。

「這些民宿大都是外地人投資興建，每個人都驚訝地說：『在台灣從來沒看過那麼美的海。』」九年前從台北移居到水璉的杜肇欣，得以眼見東海岸觀光興盛史。以前的都市人總覺花東太遠，翻山越嶺的旅遊實在不符成本效益，他就近觀察說，近幾年的慢活風氣，漸漸帶至東海岸，搭配花蓮縣政府大力推動的觀光政策，「各式民宿在四、五年前如雨後春筍般，坐落在景點附近。」

鄰近花蓮市區的海洋公園、牛山呼庭的草原、石梯港的賞鯨活動，不管背後是否有生意考量，東海岸歐式民宿提供一種氛圍，遊客也甘願享受兩三天式的慢活。

越往南走，越會發現象徵熱帶氣息的椰子樹散布其間，行到台東都蘭部落，空氣更是瀰漫浪漫情懷，孕育出獨特之藝術村，台糖都蘭糖廠的咖啡館，從台北移民來此的郭英慧，週末夜將這裡打造成「原住民演唱集會所」。

電影《月光小棧》拍攝後留下的場景，由「女妖在說畫」藝廊進駐。負責人李韻儀為了研究論文從台南搬來都蘭定居，她說：「東海岸海天一色遼闊風景，是許多嚮往自然與自由的藝術工作者首選地。」其實，不只有從外地來的新移民，本地原住民或有或無的受到台東聖山「都蘭山」影響，激發創作靈感，木雕創作家伊命就曾告訴採訪的媒體，「都蘭山是我的母親」，藉以表達對原鄉的熱愛。

移居都蘭十多年的江冠明，更將自己經營民宿的體會寫成《民宿學》一書，在台東南島社大授課，並在東海岸推廣「慢走漫遊」運動，利用體驗社區，將呼嘯而過、走馬看花式的東海岸風景作一番檢討。他認為「一鄉一特色已淪為口號」，村落活動常仰賴公家單位資金挹注，「有經費辦活動，沒經費半途而廢」，所以社區集體意識顯得特別重要，「如果自己都不認同、不參與，別人還會參加嗎？」

東海岸教會密集

「後山變前山，前山變後山」，隔著山脈的兩個群體，用不同的想像滿足各自需求。不過，時光前推到早期東海岸的荒煙蔓草，另有一種移民，是用「信仰」層層堆砌，篳路藍縷地「開發」未知的部落。

台東海岸沿線教會密度之高，與西部沿海閩南人的佛道信仰截然不同，據《成功鎮志》載：「屏東西拉雅族青年張源春，移居至石雨傘後，因多次祈水如願的奇蹟，遂於公元一八七七年創設蟳廣澳教會堂，成為東部第一所基督教堂。」在今日

⑪「教會即生活」，固定上教會禮拜是阿美族部落的精神寄託(右上)。噶瑪蘭族人透過工作坊，學習將編織工藝精緻化(右下)。

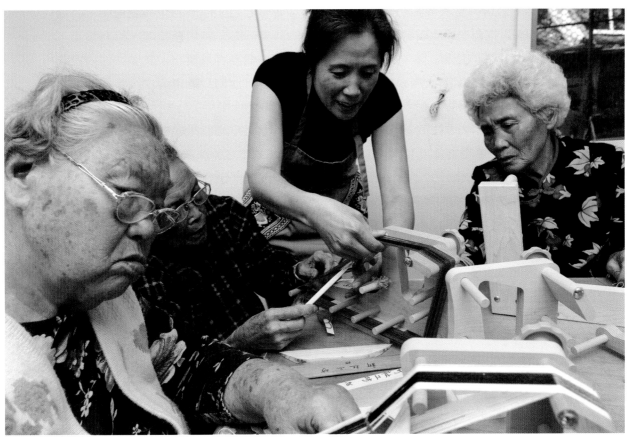

石雨傘景點附近，也立有長老教會在公元一九七七年設立之「宣教百週年紀念碑」。

早期宣教士多從石雨傘或新港（即現在的成功鎮）港口附近登陸傳教，長光長老教會陳福春牧師解釋，美籍宣教士配合美援政策，解決當時原住民民生的燃眉之急，也間接在光復初期帶動當地一股信教風氣。

樟原社區的老人告訴我，原住民有好幾種宣洩方式，自暴自棄是其一，力爭上游是其二，「到教會作禮拜」是其三，作禮拜也是部落常民庶情的最佳體現。以台十一線台東境內長濱鄉來看，轄區六個村就有近三十個教會，密度之高，幾乎每個部落皆有基督長老教會及天主教會之分布，樟原社區的基督長老教會，因為外型擬似聖經諾亞方舟，又名「方舟教會」。

一九九〇年原教會因受颱風侵襲，村民發願集資蓋一艘船型教會，牧師楊健治曾說，「蓋船形教會只是表現我們對基督的信仰，從沒想這裡會變成旅遊景點」。禮拜本為尋常生活單純的依靠，竟在東管處觀光口號打得震天價響之際，無心插柳，成為故事性極強之「部落特色」。

不只長濱鄉，開車越往南行，道路兩旁，教會建築尖端豎立的十字架接踵而來。東河天主堂的葛德神父，為少數還健在的瑞士白冷會神父，一九六四年從瑞士來到台灣，他回憶早期在中國大陸的教友，受到共產黨迫害而輾轉逃至台灣，反而更能融入部落生活，「起碼我們不會受到欺負。」為了解原住民，葛德更進一步學習阿美族話，他認為阿美族語有獨特文法系統，難學易忘，但經過一番努力，本地人不再把葛德當外人，村里婚喪喜慶，自是少不了神父一份。

無形文化公路更待挖掘

那種將台灣當作自己原鄉，奉獻出有限之人生，難怪原住民部落對天主基督信仰如此深刻。如今開花結果，觸目所及，十字架皆成為原住民最明顯之印記。

悠悠十一線，美麗藍色公路好似一條墜子，串起部落的寶石，喜好者總稱它為「藍寶石公路」，這句話只說對一半，寶石未經琢磨只是不起眼的碳，灰濛濛地隨人任意丟棄，文化需要涵養，觀光的確需要經營、開發，空擺在此只是一灘死水，如何轉化成活水，灌溉此地乃當務之急。

江冠明曾在雜誌《東海岸評論》中討論慢走漫遊的深度意義，其中一段話是這麼說的：「一連串的故事和傳奇等待發掘，等待著老們從他們的生命記憶中，將過往的故事一點一滴慢慢拉起，沒有慢走，很多事情變得容易遺忘，就像快速搭遊覽車的遊客，他們到過東海岸卻不記得去過哪裡，做過什麼？」

回應到花蓮環保聯盟鐘寶珠的一句話，「交通並不是解決問題最好的一條路，關鍵在有沒有準備好。」公路局一日生活圈的概念，從南到北一日走透透，但並不是地方產業思維，公路發展沿線城鎮若無特色，車子依然會很快開過去，往牛山呼庭的路上，蜿蜒下切如羊腸小徑的產業道路，到了入口豁然開朗，上頭有山、底下有海、旁邊有草原，「就是因為有特色，路再彎也有一堆人要去。」

⑪ 港口部落特殊的祭農儀式，阿美族人用檳榔、豬肝祈求來年豐收（右上）。旮亙樂團，利用竹木樂器譜出原住民歌謠，週末固定在東管處阿美族民俗中心表演（右下）。

西部濱海公路台十七線 ⑰
風頭水尾海口人

雲林縣四湖鄉溪仔崙的淺海地區，蚵農正在查看蚵仔的生長情形
位在西部海濱的台十七線，是百年前移民登岸時第一塊踏腳石
隨著工業區一個個地興起，環保意識同時抬頭
經濟發展與環保的拉鋸，遂成了這風頭水尾的貧瘠地帶，最矛盾的議題

看到這樣的一張地圖，任何人，想必都會升起滄海桑田的感慨吧。

位在台南縣北門鄉的雲嘉南濱海國家風景管理處，有一幅由經濟部水利署第六河川局副局長張義興所繪的《荷據時期與民國八十三年(海岸線)比較圖》。圖中，他把荷據時期台灣西南沿海的海岸線與當代的海岸線兩相重疊；一度存在的台江內海，那時還是由一連串的沙洲所圍繞──北門嶼、馬沙溝、青鯤鯓、加老灣、隙仔嶼、北線尾、安平鎮堡與喜鵲仔堡，成串沙洲環成的內海，既是荷蘭人興建熱蘭遮城的所在，也是鄭成功登陸鹿耳門後，驅逐荷蘭人的歷史舞台。

但三百多年後，物換星移，過往的內海在堆積作用下，如今除少數地區仍與大海相連，鎮日受到台灣海峽的海風吹拂，絕大多數的地區，幾乎都已遠離海岸線，成了徹頭徹尾的內陸鄉鎮。台南縣的北門(即北門嶼)、將軍(馬沙溝)、七股(加老灣)等鄉，台南市的安平(安平古堡)、喜樹(喜鵲仔堡)等地區，當年四面環水，處處海口、湖泊、港灣的景象，如今，就只能在舊地圖中追憶。

但令人吃驚的是，在內海逐漸被填平之後，其上由點而線的小徑，竟是日後台灣西海岸最主要的公路──台十七線台南路段的所在。以它為中心，往北到嘉義、雲林、彰化、直抵起點台中清水，往南到高雄、屏東縣市，直達終點枋寮。整段長達兩百七十點五公里的路線，不但是當年來自大陸的移民，跨越黑水溝來台登陸的第一塊「踏腳石」，沿著道路兩側展開的地區，更是台灣文化最早的發軔帶。

「一府、二鹿、三艋舺」，早年台灣的政經中心，台十七線上就占了兩個。不僅如此，台灣民間最盛行的聖母、王爺、大眾爺等信仰，也幾乎是沿著台十七線而展開。根據政大歷史研究所教授戴寶村的說法，最初移民為求平安，每每在離開故鄉之前，總把家鄉的守護神帶在身上；一旦生計穩定下來，將神明們供奉於廟堂之上，即成為他們的首務之急。

因其如此，除了屏東的「東隆宮」，台南的「鹿耳門天后宮」、「南鯤鯓代天府」、「四草大眾廟」，嘉義的「魍港太聖宮」、「新塭嘉應廟」，雲林的「舊金湖蚶仔寮萬善爺祠」、「奉天宮」外，當然也包括聞名遐邇的彰化鹿港一級古蹟「龍山寺」與三座「天后宮」等，在數百年前，便已陸陸續續出現，在今天台十七線的兩側。

以「王船祭」著稱的東港東隆宮，宮前的牌樓裝飾得金碧輝煌。

「每次有神明過生日，沿著台十七線，你就會看到幾十輛的遊覽車，從台灣各地載來數千名的信徒，進香朝拜。」許國清是長年在「南鯤鯓代天府」服務的志工，他說，那浩蕩的朝聖隊伍，七爺、八爺領隊的陣頭，就有如百年前的移民，前仆後繼，來到台灣尋找新故鄉時的身影。

一直到現在，在台十七線的兩側，除了廟宇之外，仍有不少的地名或商行標誌著這條道路，以及兩側地區的悠遠歷史。拿以黑面琵鷺著名的台南七股來說好了，除了「七股」兩字是開墾初期，七位墾首招攬佃農開墾的所在外，緊依著台十七線西側的「七股農場」，正是自百年前延續至今的老農場；再拿七股的北鄰「將軍」鄉為例，「將軍」就是力主康熙皇帝拿下台灣的施琅；而比「將軍」更北、已經到了嘉義縣境的「布袋」、「東石」，則分別是形容該地的「沙嘴」地形，及早年移民把故鄉福建泉州的東石港地名，直接拿來套用在台灣的落腳處上。

台中的清水、梧棲，彰化的鹿港，雲林的麥寮，高雄的茄定、彌陀等，在台十七線上，幾乎每個地名都有豐富的典故，類似的例子，可謂「族繁不及備載」。然而這樣一條緊依著台十七線展開的歷史長廊，

除台中縣的台中港區路段，擔負有轉運功能；彰化縣的鹿港、台南市的安平，在史上占有不可取代的地位；又高雄市路段本就位於鬧區，而能維持一貫的繁華，其餘的小鄉小村，對於歷史的榮耀，莫不逐漸在褪色之中，要不，就根本不曾發光。

我們頭一次驅車前往台十七線的時候，不知道是不是清明節的關係，上述原本車流量稍多的路段，反因假期而車馬稀落；倒是其他人口一萬出頭的小鎮，一下子湧進了為數不少的車潮，增添了些許人氣。

然而在此之前，多數人對於「台十七線」的形容，卻多語出負面。特別是在尋常的日子裡，跨越中彰大橋離開台中縣後，從彰化的伸港開始，道路兩側的市容，就開始變得單調，住屋、車輛、人潮，也明顯轉為稀少。

最重要的是，台十七線雖號稱「西濱」公路，與叫「北濱」的台二線，叫「東濱」的台十一線，同為公路局所規畫的環島公路的一環；但由於它所比鄰的是沙岸而非岩岸，為免海水侵蝕路基，除了台南市的喜樹等零星路段外，多半的時候，道路與海濱總維持著數百公尺到三、四公里不等的距離。

這麼一來，想在台十七線沿線

【台十七線小檔案】

位　　　置：台灣西部濱海省道。北起台中縣清水鎮，南迄屏東縣枋寮。

長　　　度：總長270.485公里

工程紀要：本道路明末已開，道路之形成甚早。後日人第二次拓建，但多以縱貫公路（台一線）沿線的城市為主，濱海城鎮道路開築較晚，且多無橋梁，直到一九七八年，公路局才將西部濱海各段公路合併編成。

特　　　色：因位於台灣西部海岸，為漢人移民最早上岸之處。沿線多濕地、潟湖、養殖魚塭與鹽田等景觀。

護祐眾生 鹿耳門原址的天上聖母遺蹟紀念碑前,一名婦人虔誠膜拜(上圖)。正統鹿耳門聖母廟前,野台布袋戲團正搬演酬神的戲碼(下圖)。

南台灣的豔陽下，南鯤鯓代天府的王爺祭中，廟前廣場持傘進香膜拜的信眾（上圖）。鹿耳門天后宮內，滿是沿海信徒誠心的祈願（下圖）。

「看海」的浪漫懷想，想必是落空了。加上與老大哥台一線相比，兩者雖然同為西部公路，但位在西部之西的台十七線，卻因早年過度的海防管制，阻隔了人與海洋、海濱的親近；而富含鹽分的土壤，致使農業發展受限，不但所經鄉鎮更為邊陲，人口，也更相形見少。

雪上加霜的是，一九九一年間，當時的行政院長郝柏村在一趟新加坡的考察之旅後，又指示公路局將既有的台十七線，改建為快速道路，但由於技術上的困難，最後興闢出的，是一條時而與之平行，又時而共線的台六十一線（西濱快速公路）；這下子，在僧少粥多的情況下，台十七線不僅沿途無可觀之處，就連道路本身的使用率，也直線下滑。

風頭水尾的所在

「你是說那條沒什麼車、倒是有不少墳墓的公路啊？哇靠，真是荒涼到『靠背』！」「環島公路我都至少騎過兩次，但台十七？我想一次就夠了吧。」

一些網友，因此對台十七線有此評價；用字遣詞雖嫌不雅，卻多少道出了部分實情。實際上，除了外地人對台十七線存有「冷清」、「少人煙」的印象外，就連地方上的諸多鄉親們，尤其是彰化、雲林兩縣濱海一帶的居民，也經常地自嘲：「咱這是『風頭水尾』的所在。」

所謂的「風頭」，是指台灣的西部及西南沿海，每年從中秋直到隔年清明，冷冽強勁的東北季風，足以吹垮包括意志在內的任何事物。稻子被吹彎了腰，一年只能一作；畜養的鴨鵝，一不小心就會從寮棚被吹出外海；至於出海打魚的人——聽過

「天這麼黑，風這麼大，爸爸捕魚去，為什麼還不回家？」這首童謠嗎？對許多台十七線的居民來說，許多時候，它根本就是生活的寫照。

風頭如此，「水尾」又如何呢？翻開台灣的地圖，答案赫然出現在眼前。大甲溪、濁水溪、曾文溪等台灣幾條主要的河川，幾乎都從西部出海。河道變遷無常，旱季缺雨，無能灌溉；雨季又水量暴增，造成沿岸水患。以向來放肆著稱的濁水溪為例，這條台灣最大河川，在清代時期，每自山中竄出後，就像五指一般散開。主流時南時北、年年改徙的它，曾經沖毀的農田、村落無以計數。有辦法的人，一逕往內陸、城市遷移；至於基於情感、能力或經濟條件走不了的人，也只能卑微地靠海吃海，就地尋找有限的機會。

還記得一九八〇年代，一部名叫《台西風雲》的電影嗎？電影中黑道的恩怨情仇，被描繪得淋漓盡致，卻忘了告訴觀眾，那樣強悍的民風，有幾分是源於土地的貧瘠、自然條件的限制？

車行台十七線上，經過多年掃蕩，操海口口音、穿夾腳鞋的「大哥」，身影已然遠去。倒是羅大佑歌曲中的「青蚵仔嫂」們，總在離台十七線不遠的近海蚵田採收鮮蚵，或是三五成群地坐在自家庭院，圍著小山般的帶殼蚵仔，人手一鑽地邊挖蚵邊談笑。「我自細漢就挖到今嘛！」家住芳苑王功漁村附近的陳罔市，今年高齡八十四歲。她的孫女黃淑華笑說，從年輕到現在，經「阿嬤」巧手挖出、送往台灣各地消費市場的蚵仔，「真是數也數不清。」

的確，陳老太太一生挖蚵的歷史，堪稱是台灣養殖產業的縮影。就個人而言，像

這樣挖一斤蚵仔、得二十來塊報酬的工作，是台十七線沿線鄉鎮，絕大多數婦女的主要副業。就整體經濟而論，台灣西南沿海基於亞熱帶、熱帶的氣候與泥灘地形，是養殖漁業的絕佳場地。根據漁業署的報告指出，因該產業的收益較傳統農業為高，更為了安定沿海農村社會、充分有效利用沿海低產土地，以及「以海為田，增加漁業生產」，一九七〇年代起，政府便實施「加速農村建設，提高農民所得方案」，鼓勵養殖漁業的發展。

長期的推動下，養殖漁業迅速成為沿海地區經濟結構上重要的一環；即便在當年，也已創下每年約三百億元的產值，是四萬養殖戶、十五萬養殖人口的主要生計來源。養殖的虱目魚、鰻魚、草蝦、吳郭魚乃至文蛤、九孔、海鱺等等，都有台灣人改良或培育的傲人成績。

浸水的墓碑

但一九八〇年代起，一片大好的榮景，卻開始有了縫隙。工商業快速發展後，地表水汙染問題加劇；水質的惡化，迫使部分地區漁民轉而依賴地下水，以供應需要大量淡水的養殖漁業。如此一來，養殖產業連同工、農、商業，乃至民生用水，也成了地下水的主要使用者之一；長年超抽的結果，終致西部與西南沿海地區，面臨了空前的地層下陷問題。

一路從台中、彰化、雲林行經嘉義，攝影同仁不斷地尋找著印象中的一幅畫面。那是多年前他來到東石鄉時，在台十七線上，意外撞到的詭異景象——颱風過後，天色顯得亮亮灰灰的；但積水不退的關係，道路兩旁的幾座墳地，竟浸泡在水中；刻有往生者姓名的墓碑，也歪斜水面之上。養生送死、安土重遷，一向是漢人最重視的文化；會任祖先墳塋傾頹至此，想必有其無奈的原因。

進一步探訪，同樣在台十七線上，原來不只往生者受到如此不堪的待遇，就連活人所住的房子，也好不到哪去。包括嘉義東石、布袋在內，雲林沿海各鄉鎮及屏東塭豐等地區，從台十七線沿途往更狹小的縣道、鄉道轉進，許多人家的住屋，都有門前道路的路基，要比住家本身更高的情況。隨著地層下陷越來越嚴重，大水一來，走避不及的，索性就把腳泡在水裡；煮菜、做家事、吃飯、看電視，偶爾還可以看見，本來該待在海裡的魚啊、蝦啊！游過來一口吃掉掉下來的飯粒；水退去後，有錢的人設法把屋子墊得更高，或在門前砌上矮牆、以防杜水患；至於沒錢的，也只有繼續忍受這樣惡性的循環。

「一切都是命啦，人祖先有放土地給他們，可以做養殖也是一種福報啊！親像我們就比較歹命，做工仔人，遇到也莫法度。」雲林縣口湖鄉的陳田水，仰天嘆了一口長氣，認命地說。

然而，一切真的都是命嗎？在迤邐的台十七線上，百年前移民們選擇在這塊土地上落腳，是命？做農因土地鹽分過高、收成有限，做工因機會不多、發不了財，做養殖會導致地層下陷，混黑道會被丟進監牢，這一切，也都是台十七線所牽起的一連串宿命？如果是的話，那麼台十七線沿線的居民，並非不曾抵抗過。除了在每一次的廟會中，他們虔誠膜拜的身影、聲聲衷心的禱告，是一次又一次期盼生命突圍的祈求外，現實生活裡，他們也曾試圖接

17 台灣西南沿海一帶，因超抽地下水導致嚴重的地層下陷，清明時節的台南市喜樹社區，有人
掃墓有人釣魚，形成奇異的畫面。

納一些、排斥一些改變，以期換得更加美好的生活。

一九七九年，為了平衡區域發展，行政院經濟部，首度倡議在彰化的伸港、鹿港兩鄉鎮之間，興建濱海工業區。計畫中，政府希望利用總面積達六千五百三十七公頃的海埔地，作為石化、火力發電等基礎工業的用地；然而，源於爆發石油危機，全球經濟不景氣，大型工業用地出售不易，原擬收購之公營事業單位，也因計畫變更要求退出；在資金積壓，施工利息負擔沉重的情況下，該案於是不及兩年的時間，便暫告停擺。

在那之後，彰濱工業區一度有了復工的希望；但自一九八六年發生的鹿港居民反美商杜邦設廠一案後，開啟了台灣的環保意識，也延後了工業區重新啟用的時間。

「那時候的台灣，哪聽過什麼環保呢？可是我們鹿港人，就是覺得二氧化鈦廠的設立，勢必會對環境造成汙染。」鹿港圖書館的館長許明輝，雖不曾親身參與過那場劃時代的活動，對於經濟發展與環保的問題，也自有一套看法；但回想鄉親當年掀起的環保風潮，對台灣的啟蒙意義，他還是深深感到一股與有榮焉的驕傲。

五年後，也就是一九九一年，景氣復甦，工業用地也出現不足的現象；儘管贊成與反對的聲音依舊隔空交火，但在地方人士與中央的周旋下，彰濱工業區還是被納入「國家建設六年計畫」的項目之一，並在一九九二年通過環評，一九九三年成立工業區管理中心，隔年年底，進駐第一家公司。

彰濱的成立，宣示著西部濱海地區的土地規畫，進入了一個全新的里程碑；繼它的誕生，「雲林離島工業區」及「嘉義外傘頂內海工業區」等建設案，也陸續紛紛浮現。只是，隨著台十七線沿線的景觀，在星羅棋布的蚵田、魚塭之外，又多了煙囪與廠房；海濱鄉濃濃的鹹水味，在注入了厚厚的工業塵埃後，這巨大的改變，又究竟是福是禍呢？

「巡禮」工業帶

把台十七線從頭到尾再走一次，說真的，大大小小的工業區，儼然已成為一種另類景致。在彰化縣的伸港，天氣好的時候，向東可以清晰望見八卦山脈，而北方則是台中火力發電廠，四支高聳並排、紅白相間的巨大煙囪。

再往前走，在台十七線約31k處，右轉通往彰濱工業區的聯絡道路，僅僅四、五分鐘的時間，就會看到工業區寬闊的鹿港區入口。返回台十七線主幹道，車子繼續南行，雲林的四個濱海鄉——麥寮、台西、口湖、四湖，鄰近的外海淺海區，都是「離島式基礎工業區」的預定地。至於嘉義縣的東石、布袋，台南縣的七股和北門——看過作家蔡素芬的《鹽田兒女》和蕭麗紅的《千江有水千江月》兩本小說嗎？一畦畦廣陌無垠的鹽田，正是故事的背景所在；然而二〇〇二年後，因整體產業沒落，鹽田先後停產，繼之而起的「濱南工業區」在部分人士「不懈」的爭取下，隨時都有敗部復活的可能。

一直到這裡，或許有人以為，這趟「豐

雲林四湖地區，春耕的稻田中，農民與土地緊密地依存(右上)。重重纏繞的管線、鍋爐、運輸帶等設備，傍晚時的六輕顯露了詭譎的後現代工業地景(右下)。

⑰ 橫跨二仁溪口的台十七線，連貫了台南縣市與高雄縣。自台中清水以降，台十七線經過了包括大肚、濁水、曾文、高屏等台灣重要河川。

(攝影/齊柏林)

富」的工業區之旅，也該告個段落吧！但一路急馳，天色由亮轉暗，即使入夜後，也還有中國鋼鐵公司、榮工處機械配修廠，以及台電的大林火力發電廠、幾千幾萬瓦的輝煌燈火，盤據在台十七線的高雄市小港區路段，照亮大半的夜空。

至此，台十七線是歷史之廊，是下陷的地層帶外，也幾乎等同於一條工業帶。特別是自從位於雲林離島工業區的台塑六輕完工後，不管是對於台十七線道路的本身，或者是沿線的鄉鎮，都帶來或深或淺的影響。

「最早我們原定把六輕設立在宜蘭利澤；後來因與地方政府意見不同，又考慮搬遷到桃園；之後，基於類似的理由，我們沒有落腳那裡；最後，幾經波折……。」

受邀前往六輕的時候，適逢雲林地檢署官員也來到六輕參觀。負責解說的涉外組高級專員蔡昭明，在被六輕員工戲稱為「小白宮」的行政大樓會議室裡，正語帶自信地向來訪者介紹有關六輕的一切。

自六輕建廠，源於它所創下的多項紀錄，如：當初填海造陸使用的填沙量，約十萬零八百八十六萬立方公尺；這數字，相當於在基隆到高雄之間的中山高速公路上，填築約八個車道寬之路面，並高達兩層樓半；又完工後的廠區面積，高達兩千六百零一公頃；區內不但有煉油廠、矽晶圓廠、彈性纖維廠等，更有自行興建的港口、獨立的發電廠；重重纏繞、壯觀的管線、鍋爐、運輸帶等設備，每每吸引眾多國內外的工商團體來台時，皆指明一定要將六輕列入行程中。

但截至目前為止，比較起六輕每年增加的國家稅收達兩百五十億元、提高的經濟成長率約一個百分點外，如果把焦點回歸到台十七線上，它所造就的沿線上萬個就業機會，或許才是它與道路沿線城鎮，關係最密切的部分。

「我的表弟在六輕工作。」住在雲林四湖的黃秀花說。「我哥在那裡當機械操作員。」住在嘉義布袋的許勝發表示。沿著台中、彰化、雲林、嘉義等四個縣沿海鄉鎮，自從六輕完工後，許多家庭，幾乎都有子弟在工業區服務。

的確，以六輕所在地雲林麥寮來說，就是最好的例子。十多年前初次造訪麥寮時，它還是一個以養豬業為主要產業的貧窮鄉；破落的海濱、荒廢的田地、隨風四散的垃圾、處處可聞的豬圈逼人臭氣，再加上獨居老人的落寞身影，就是我所有的麥寮印象。

但時隔多年重返麥寮，一切，都不一樣了。不但街道變熱鬧了，台十七線上許多小鄉村少見的屈臣氏、7-11、康是美、五十嵐等商店，也紛紛進駐。外出的人口回流之餘，還有增加的趨勢。而為了解決住的問題，舊公寓的牆壁上、街頭的布告欄，處處可見巨幅的售屋廣告。

「六輕選擇在麥寮設廠，確實為我們帶來了一些改變。」離開六輕後，轉往麥寮鄉公所，鄉長林松利在肯定六輕的貢獻之餘，還是略有不滿。

他不諱言，原因之一，是與錢有關。原來，六輕鉅額的稅收經中央統籌後，落到縣府手上的已經少了幾成，再分給麥寮鄉的，自是又打了折扣。此外，自六輕開工後，眾多的砂石、拖吊、聯結車等，出入皆以台十七線為主；激增的車流量，造成台十七線上其他各路段所罕見的大塞車，

而源於農民緩慢的鄉村步調，對於過快的車速往往閃避不及，於是單在二〇〇五年，發生在台十七線麥寮路段的死亡車禍，就高達四十八起。

「大量流動人口的出現，也使治安蒙上一層陰影；偷竊等犯罪案件，報案率都有增高的趨勢。」在鄉長以外，公所祕書林鴻鈞也無奈地表示，現在很多麥寮人，都喜歡拿「獨立」這件事開玩笑；「他們的意思是，」林鴻鈞補充，「只要麥寮鄉能『獨享』六輕全部稅金，那種種難題，就不難迎刃而解了。」

乍聽之下，儘管迭有怨言，但基本上而言，從地方官員到一般百姓，多數人對於麥寮的現況，還是傾向於接納的。只是，談人口回流、談就業機會、談稅收，就是少聽見有人談環保，這一方面，或許是六輕在環保上，確實做足了努力；但另方面，會不會也是對於窮怕了的海濱居民來說，看得見、摸得著的經濟成果，要勝過其他一切？

「具體的工程做法我不懂，但是從海中挖取泥沙，填充另一處海，我知道那會造成海洋多大的擾動！」多年前六輕動土時，地質學家許靖華曾這樣說過。但面對經濟成長的壓力，多數的時候，這樣的堅持卻大半妥協了。

惟隨著大環境的轉變，台灣對於產業轉型的需求越來越高；對於填海造陸興建濱海工業區的做法，也有越來越多的質疑；再者，鑑於新竹科學工業園區的成功，政府的各個單位中，除了有國科會構思第二科學園區，亦即簡稱「南科」的南部科學園區外，經濟部也選擇在台南市緊鄰台十七線的安南區，興建簡稱「科工」的台南科技工業區。

不管是科學園區或科工區，目的都在於協助提升企業體質，以期帶動地方繁榮，達成區域均衡發展的目標。是以為了能夠永續發展，除了工業的升級外，近十年來，又稱「無煙囪工業」的觀光業，也被視為台十七線沿線發展的另一個對策。

位在台南縣北門鄉的雲嘉南濱海國家風景管理處，成立於二〇〇三年底，算是交通部觀光局旗下的十三個國家風景管理處中，十分年輕的一個。

「可是我們管轄的，卻是非常古老的地區。」管理處的處長洪東濤，來自同樣也是海灘連綿的小島澎湖，他表示，過去很少人會來西南海濱旅遊，主要是這裡一向是勞力密集的傳統產業區。特別是它的海岸，在地質、海流、氣候等因素的作用下，不若東海岸礁岩斷崖的險峻、海水的湛藍壯觀，但是，「這裡卻自有寧靜祥和的味道。尤其是夕陽西下時，紅雲夕照、萬丈霞光，那景象，就和幾百年前，老祖先們甫上岸時，回首海面，所見到的畫面一模一樣。」

古老智慧：無用之用是為大用

洪處長的話，一語道破西南海濱的核心價值。源於土地貧瘠、地層下陷與工業汙染，常讓人對此地存有悲情印象，然而如果換個角度樂觀看待，數百餘年來，先民在沿海地區辛勤開墾，為此地所累積的人文風采，是其他地區難以企及的；加上養殖產業與曬鹽產業，在台灣僅集中於西南海濱，所以只要善加轉化，莫不都是珍貴的觀光資源。

在管理處的規畫下，近年來在台十七線

⑰ 夏季時，趁黑面琵鷺尚未南下度冬，七股潟湖附近的居民，趕緊來到沙洲撿拾貝類（上圖）。

冬天，北方嬌客南下後，整片沙洲，就成了牠們獨享的天堂（下圖）。

上，已陸續出現了幾處觀光鹽田與蚵田，開放給民眾參觀體驗。以位在台十七線143k右轉不遠處的「井仔腳鹽田」來說，方塊般的鹽田映著天光，常吸引著一家老小，在一堆堆白雪般的小小鹽山上，學著劃鹽和挑鹽。而為了讓大家了解製鹽的過程，管理處更請來幾位真正務「鹽」過的鹽工，在現場向大家隨機解說。

「我自古早就是做這途，後來是因為鹽公司收起來，才轉去做小工。」頭戴斗笠、臉裹著花布遮陽的魏去，很高興能重返熟悉的「職場」。過去，她是有「日頭」才有「事頭」（台語），但現在，除了領固定月薪外，她更能和伙伴，驕傲地介紹自己的「專業」。

傳統產業的再生，創造新就業機會，讓許多當地居民，開始感受到鄉土的榮耀；然而，真正能讓台十七線沿線地區大放異采，甚至站上時代尖端的，或許還是西部、西南部沿海，介於海域與陸域之間，廣大的潮間帶所孕育的萬千生機。

眾所周知，一九八六年間，台南縣政府原擬提出「七股地區綜合開發計畫」；幸而隔年因有高雄鳥會鳥友，在七股的魚塭及附近地區，發現了百餘隻瀕臨絕種的鳥類黑面琵鷺，政府部門才著手了解狀況，並在國際保護鳥類總會（ICBP）的要求下，劃設黑面琵鷺保護區，制止本區的工業開發。從此以後，一塊原本不起眼的濕地，頓時成為舉世矚目的賞鳥天堂。有著琵琶狀長嘴、優雅羽翼的黑面琵鷺，它所展開的，既是自身美麗的羽翼，也是國人對於濕地保育的概念。

燠熱的夏日，北國的嬌客尚未南下度冬，想要看到黑面琵鷺，恐怕還得等到十月後的秋天。但從台南市野鳥學會所提供的數據來看，截至二○○七年三月為止，全球僅存的一千七百六十隻黑面琵鷺中，就有七百多隻飛來台灣，其中超過八成棲息於七股附近，可見得不論就氣候或環境而言，七股及其他西南沿海濕地，都是黑面琵鷺等眾多鳥類的最佳棲地。

台中清水的高美、彰化福興的福寶、嘉義的鰲鼓、好美寮、台南的四草、屏東的大鵬灣等濕地，在過去，一向都與無用的「低產之地」畫上等號；但在七股潟湖名聲大噪後，除了讓人認識到，富有浮游生物及魚、蝦、貝類的濕地，能提供多樣化的動植物棲息外，可過濾有機廢物和積存懸浮物的它，也能吸收儲存水分，好在颱風或豪雨過後，緩阻洪水的速度，減少自然的災害。

「無用之用，是為大用」，莊子在幾千年前留下的智慧話語，或許正是過度開發後的台十七線，此刻最為需要的。就像一路行走在台十七線上，沿途，總難直接見到可遊可賞的地點、令人驚豔的風光；但，只要車子轉個彎，腦筋轉個彎，抬頭，就有沙洲上群鳥飛翔。

離開國家風景管理處前，回頭又看了一眼《荷據時期與民國八十三年(海岸線)比較圖》，感嘆滄海桑田的同時，也浮起一絲期待：只要能夠像濕地那樣，給予足夠的復育時間，有朝一日，台十七線與其沿線地區，還是能夠「風水輪流轉」，自風頭水尾中奮起的！

 七股鹽田見證了台灣鹽業的輝煌與凋敝，現在已轉型為觀光據點(右上)。台十七線的沿線漁業最發達的當屬屏東東港，豐富漁獲，充斥碼頭(右下)。

【滄海桑田——鹿港百年興衰】

在台灣公路網四通八達的今天，一般人難以想像的是，早在清代初年，台灣因為陸路不發達，多數的運輸管道，都是以水路為主。「一府、二鹿、三艋舺」，清初最繁華的三個城市，全都是應水運而生。

其中台十七線上的鹿港，如今雖然與海岸線有段距離，但在清初，它卻有洋子厝溪與鹿港溪等兩條河川的交會，並因為與大陸泉州的直線距離最近，成了北艋舺、南府城以外，中台灣最重要的貿易口岸。

今天鹿港距離台十七線不遠的中山路、就是昔日鼎鼎有名的「不見天街」。當年，透過洋子厝溪與鹿港溪的輸送，中部所有的米穀幾乎全數集中在這裡，再藉由大型的船隻走海路轉運到泉州的蚶江口。在不見天街的現址，八大行郊設立，讓鹿港百貨充盈、民生殷富，而為了防盜與對抗天然災害，居民於是協議蓋起了不見天日的不見天街。

可惜的是，鹿港所在的彰化平原，河川的淤積作用一直不曾停止；公元一八二〇年，濁水溪夾帶大量泥沙，使得鹿港的港口越變越小，商船停泊不易。嘉慶中葉後，往來商船先後改由同樣在今天台十七線上的王功港及「番仔挖」——即今天的芳苑出入；但直至公元一八六〇年(咸豐十年)，清政府鑑於鹿港已不能出入大船，便在北京條約中，開放淡水、基隆、安平、打狗等四大港與外國通商。

至此，鹿港的天然優勢盡失。幸好日人治台之後，依然對鹿港青睞有加，除了大力疏浚外，更將鹿港指定為特別輸出港。據聞在日治時期，鹿港最盛時人口超過十萬，每天進出港口的帆船超過百艘，其中最大的船隻級數，更高達五百公噸，「鹿港飛帆」，一時間成了全台的盛景。

只是鹿港後來的發展，正應了「成也交通、敗也交通」這句話。二十世紀初，日人在縱貫鐵路通車後，原計畫將海線與山線鐵路的交會處設在鹿港鎮上，沒想到，當地父老深信鹿港為彰化縣龍脈之首，擔心鐵路的貫穿會斬斷龍脈，在他們的大力反對下，竟使得鹿港與這次重生的機會，失之交臂。

沒有新興運輸動脈的加持，鹿港果然很快便沒落了下來；一九三七年中日戰爭後，台灣與大陸的貿易驟然中斷，繁華一時的鹿港小鎮，面臨了廢港的窘境。但進入七〇、八〇年代後的鹿港，卻再度九死一生。這次，隨著台灣進入現代化社會，許多古鎮內的傳統、民俗生活等，也面臨消失的危險。鹿港人為了拯救珍貴遺產，特別邀請學者專家，對鹿港的文化資產進行調查研究。

經過長達十一年的規畫，鹿港開始了老街的重建，這一回，媽祖廟、龍山寺、不見天街，還有九曲巷、半邊井、意樓等等，都成了小鎮重出江湖的資產。

昔日的港口已遠，如今以台十七線為外環道的鹿港，雖離高速公路有些距離，但憑藉豐富的人文資產，還是吸引著無數人前往探訪。

---

⑰ 日治時期，鹿港瑤林街後方的碼頭(右上)，鹿港曾為全台第二大商港，後因泥沙淤積而廢棄。三百年前的鹿港海岸即盛行養殖牡蠣，圖為日治時期所攝的景象(右下)。

雲嘉南濱海國家風景區

順著西部濱海公路台十七線一路往南,沙洲連綿、魚塭棋布,
這處漢人最早登陸拓墾的海岸,今日則是以黑面琵鷺的度冬之所而聞名⋯⋯

台南七股濕地 23°3′9″N 120°3′30″E/305m

「雲嘉南濱海國家風景區」內的台南七股濕地，因每年冬季至此造訪的「黑面琵鷺」而聞名中外。風景區的設立，期待能在兼顧環保下繁榮地方。

由省道台十七線往南，跨過牛挑灣溪後，當右邊遠處的海岸沙洲映入眼簾，即進入「雲嘉南濱海國家風景區」的範圍。

風景區成立於二○○三年十二月，其範圍北起雲林縣牛挑灣溪口（含外傘頂洲及周邊沙洲），南至台南縣鹽水溪口，東至省道台十七線，西至台灣海峽海域（以二十公尺等深線為界），總面積八萬四千零四十九公頃，相當於三個台北市面積。

整個風景區，主要是由「鰲鼓」、「朴子溪口」、「好美寮」、「北門」、「七股」及「四草」共六個濕地所構成。其中，以「黑面琵鷺」及「七股鹽山」知名的七股濕地，最為國人所熟知。

七股濕地包含曾文溪口北堤潮間帶、七股潟湖及七股鹽田三部分。七股潟湖面積約一千六百公頃，是台灣面積最大、最完整的潟湖。此地孕育的二百多種水產，維繫當地二萬漁民的生計。濕地所在的曾文溪口，因每年十月有瀕絕的候鳥「黑面琵鷺」到此避冬，格外引人注目。

七股鹽田，見證了台灣鹽業歷經明鄭時期以迄於今，由煎煮、日曝到機械化大量曬製，由全盛時期到沒落轉型的軌跡。在二○○二年鹽場停機後，台灣鹽業生產走入歷史，而後呈現在國人面前的，是宛若

台南七股鹽山
23°9′17″N 120°6′0″E/183m

七股鹽田的歷史，恰是一部台灣鹽業發展史。五○年代，台灣工業起步，鹽田積極投入生產設備，盛極一時。而後因鹽村勞力人口流失，遂引進機械取代人工。二○○二年，台鹽七股鹽場正式停產，轉型觀光產業，如今的七股鹽山，已成熱門景點。

滑雪勝地的「七股鹽山」景致。

凡此，皆形成七股濕地渾然獨具的風貌。然而，懸而未決（包括煉鋼、輕油裂解、石化及發電廠等預定地）的濱南工業區開發計畫，卻讓此間的生態環境充滿不確定因素。

風景區內的其他濕地，也同樣面臨環境生態難題：鰲鼓濕地因經濟部屬意在此興建工業區，在居民寄望改善當地經濟，而保育人士為之憂心奔走間，濕地的前途未卜。朴子溪口濕地因超抽地下水導致地層下陷、違法遽增的蚵架、魚塭，使得紅樹林面積日減。好美寮濕地潟湖內的傳統養殖區，過度開發的魚塭，已威脅紅樹林的生長。北門濕地潟湖內的紅樹林，因海埔地填海工程及漁民為便利撈捕而清除河道，致頻頻遭砍伐，同樣面臨衰微的命運。四草濕地為國內首例單一鳥種（高蹺鴴）的野鳥繁殖保護區，然而南科工業區的開發，造成濕地面積縮小，也影響到濕地生態環境。

設立「國家風景區」，目的就在為子孫留下自然瑰寶。然而，在面臨生計問題時，「經濟發展」卻又被擺到首位。究竟，在振興地方經濟與居民生計同時，要如何貫徹生態保育的永續經營？亟待有識之士提出良方。

台南青鯤鯓鹽田
23°11′35″N 120°5′22″E/183m

宛若大地上開展的摺扇，是昔日七股鹽場的鹽田作業區之一。海水導入扇形外緣後，漸次往頂端推進，經過由大至小的蒸發池曝曬，再引入扇形頂端的結晶池，進入成鹽階段。三十年前開始營運的青鯤鯓鹽田，依隨七股鹽場更迭的腳步，變換角色重新出發。

中部橫貫公路台八線及供應線

斷裂的長廊

九二一地震後,台八線中橫公路,從谷關到德基之間迄今未能恢復通車

就在梨山等沿線聚落產業沒落、經濟衰退的同時

中橫供應線台十四甲上的清境農場卻意外崛起

連帶使得海拔三千多公尺的武嶺,即使入夜之後,也燈火閃爍如一條遊龍

站在公路總局谷關工務段往外望，眼前盡是一座座巍峨的山峰，從大甲溪沿岸拔地而起，高聳入雲，綿延成一幅巨大的屏風，遮住了絕大部分的天空，而大甲溪就從它們的山腳下蜿蜒地流過。

寬闊的河床裸露出空蕩蕩的一片荒野，除了到處堆積的砂石和雜草之外，別無他物，僅在中央的河道上奔流著一道湍急的溪水，在盛夏的陽光照耀下，仍顯得汙濁不堪。連那陽光經過深山溪壑的篩濾，都顯得十分的幽暗。整個溪谷依舊籠罩在水患摧殘過後的陰影之中，令人感受到大自然的無常與險惡。

將近八年了，自從九二一大地震後即封閉的中部橫貫公路，至今依然無法暢通，其中最主要的原因，即卡在谷關到德基這

受九二一大地震影響，中橫公路谷關至德基路段柔腸寸斷，已封鎖多年。

段路，因歷次颱風水災肆虐，坍塌嚴重，路基流失，經多年搶修仍未能打通，使得這條橫貫中台灣的交通大動脈為之中斷。

這一斷就是八年，原本繁華一時的梨山，也從產銷高級水果的重鎮，一夕之間淪為市場的棄兒。八年來對外的交通，或北上走北橫支線（台七甲線），或南下走霧社供應線（台十四甲線），經埔里與外界聯繫，必需多耗費五、六個小時的車程，沿線產業失去了原有的競爭力，居民的生計也面臨了難以為繼的窘境。

梨山的沒落，是顯而易見的事實，影響所及，更是區域性的經濟蕭條，包括中橫起點東勢在內的新社、石岡、和平四個山城，經濟不景氣加上人口外移，八年下來，市況一年不如一年，居民們眼看中橫通車遙遙無期，地方產業也無法轉型，基於對於未來的憂心忡忡，部分地方人士於是便出面籌組「中橫復建協會」，提出恢復通車的主張，在地方引起熱烈的迴響。

二○○七年五月十六日，「中橫復建協會」在東勢鎮成立，該會義工陳德祥曾任兩屆和平鄉鄉長，基層實力雄厚，他登高一呼，山城各鄉鎮立刻群起響應。兩個多月來，在該協會積極奔走、造勢之下，引起媒體及中央民代的關注，並獲得地方熱烈的迴響，已形成一股可觀的力量。

陳德祥出生在環山的原住民部落。一九五二年初中畢業那年，他從谷關走到和平鄉，二十多公里的山路，千折百迴，崎嶇不堪，花了一整天的時間。但一九六○年中部橫貫公路通車時，他正在空軍服役，從台中搭車回環山部落，公路局的班車一路疾馳，不到半天就回到了老家。

中部橫貫公路的開通，是梨山一帶的部

落劃時代的大事，當地的原住民隨著輔導會在自己的保留地上種植蘋果、水蜜桃和二十世紀梨等高級水果，不到十年時間，果樹茂密成林，梨山也呈現出一番欣欣向榮的榮景，造就了梨山的黃金時代，並贏得了「水果王國」的美稱。那種榮景，陳德祥曾親身經歷過，誠如他所說，當年，幾乎每戶人家都有一部轎車，外加另一部貨車。家裡的冰箱和電視都是高檔貨。這番榮景持續了十多年，直到一九七九年開放蘋果進口後，梨山才開始沒落。

陳德祥形容，假如開放蘋果進口對梨山是霜害，那麼中橫封路便是雪災了。雪上加霜的結果，梨山的果農只能勒緊褲帶過日子。即使在水果盛產期的六、七月間，每天早上他們從家裡搬了一百斤的水果到梨山賓館前的市場擺攤，到了晚上搬回家的也是一百斤，意思是一斤也賣不掉。

恢復中橫通車的訴求

沒有遊客，市場買氣不振，他們終年辛勤，卻都是在做白工。 來自外地的果農或包商，眼看入不敷出或無利可圖，二、三年來已陸續離開，回到平地另謀出路。

影響所及，梨山周邊的旅館、餐廳也顯得門可羅雀。產業已經沒有了，只剩下無處可去的原住民住在裡頭，靠著過去的積蓄勉強渡日，一邊苦候中橫復建之後，或許還能給他們帶來一線生機。

和平鄉甜柿產銷班班長魏松森和副班長張壯槍，在烏石村各自擁有一座二甲多的果園，因為海拔高，他們所種的甜柿甜又脆，廣受市場歡迎。但在中橫中斷後，由於進出不便，運輸成本增加，價格不斷下跌，每年的總收入，較之以往少了三成。

魏松森和張壯槍都是東勢鎮人，想起中橫開通後那幾年，果菜市場和夜市總是擠滿了人潮，逢到週末更有許多外地的遊客前來遊覽，居民只要開家雜貨店，或隨便擺個水果攤，生活都可以過得很好。但九二一之後，人口已從七萬人降到四萬人，市井一片蕭條，晚上八點之後，商店一打烊，街上便少有人影了。

除了生活、生計及財產受影響外，當地居民的生命及醫療環境也備受威脅。就在二○○七年四月，一位住在佳陽部落的老榮民，在山坡上開搬運車時車子不慎翻覆，傷勢嚴重到埔里及東勢的醫院都不敢收，連夜送到台中榮總時已拖延了四個多小時，差點連一條老命也保不住。

和平鄉鄉長陳斐晏、同時也兼任復建協會理事長，談起鄉民所受的待

【中部橫貫公路小檔案】

主線(台八線)總長：191.068公里。起點為東勢，終點為新城。
支線(台七甲及部分台七線)總長：111.55公里。起點為梨山，終點為宜蘭。
供應線(台十四甲線)總長：42.23公里。起點為霧社，終點為大禹嶺
工程紀要：主線於一九五六年七月動工，一九六○年四月完工
特　　色：台灣第一條貫穿中央山脈的省道。所經地形複雜，從海平面到三千多公尺的合歡山區，間有隧道、河谷等開鑿。九二一大地震後，谷關到德基水庫段路基崩毀，迄今尚未通車。故以台十四甲線、台七甲線及部分台七線，作為替代的聯外道路。

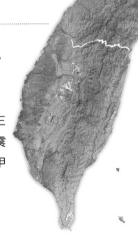

遇，就有一肚子的苦水。她說，老百姓應有基本的生存權利，七百多年前原住民就在梨山一帶生活，好不容易中橫開通後，才改善了他們的生活，卻又因九二一地震而遭到封山斷路的命運，使他們幾乎難以為生。因此他們強烈提出中橫復建的訴求，為的就是要政府還給他們一個生存的環境。

其實早在二〇〇七年二月，她就邀孔文吉、徐中雄二位立法委員，及行政院中部辦公室執行長林豐喜等人，到谷關及德基段之間的坍塌處探勘。公路總局評估，打通這處坍塌，需要六億九千萬的經費；但是否執行，尚需報請行政院核准。

魂斷光明橋

在公路總局谷關工務段段長張明欽的辦公室裡，掛著一張放大的轄區地圖，清楚地標示著重要景點的位置和相距的里程數，其中尤以青山至德基段之間標示得最清楚。這個路段的距離為十六公里，距青山二點四公里處，即是光明橋所在地。

張段長外表十分年輕，鼻梁上架著一付眼鏡，透露著一股書卷氣，卻有坐鎮第一線工程主管的精明與幹練。一九九八年時，他被調到谷關工務段擔任副段長，此後十年一直長駐於此，負責處理復建工程的相關事宜，與中橫成了命運共同體。

張段長回憶說，一九九九年九二一大地震時，中橫受到重創，多處路段嚴重坍方而被迫封閉。但在工程人員全力趕工之下，以臨時便道開通，翌年一月中旬即全線搶通，但同年五月十七日，德基發生規

模五點三級的地震，釋放出的能量比九二一地震還大，受創的坡面多達十一處。地震發生後工程人員前往梨山搶修，有一部工程車在谷關電廠附近被落石擊中，其中一位工程人員當場罹難，搜救人員步行了四公里才抵達現場，早已回天乏術，使得工務段的士氣大受影響。

由於災情嚴重，加上有工程人員殉職，便有學者建議暫緩復建，並引用日本阪神大地震為例，經歷七級地震後，公路邊坡需要三十年才能復育。當時台中縣長廖永來順應此呼聲，便宣布中橫將暫時封路，好讓大地休養生息，早日恢復生機。

二〇〇二、〇三年間，地方要求開放區域性通車的呼聲愈來愈高，公路總局考慮邊坡仍不穩定，風速過大時仍有落石之虞，只同意該路段以便道通行，而不開放觀光，中橫乃成為區域性公路。

二〇〇四年六月，谷關工務段完成了路面舖設，也完成了排水系統和擋土牆，萬事齊備，原本七月要對外宣布通車，誰知七月二日又遇上敏督利颱風來襲，強風豪雨把邊坡的土石全部沖入大甲溪，造成河床高過路面的奇特現象。八月，艾莉颱風接踵而至，殘存的路基全被沖毀，谷關對外的交通全部中斷，公路總局不得不對外宣布中部橫貫公路正式中斷。

如今三年又過去了，其間台電曾以堆積的砂石回填公路的缺口，日積月累，如今只剩下光明橋下五公里的坍塌尚待處理。

張段長說，這五公里路段沒做邊坡，也沒做排水系統，其中有二公里只是河床便道，完全沒有路基。他最擔心的是邊坡落

---

⑧ 梨山曾有水果王國的美稱，但隨著中橫的封閉，造成交通不便，昔日光芒已稍見黯淡（右上）。一年一度的梨山馬拉松大賽，堪稱全台海拔最高的長跑賽事（右下）。

石對車輛及行人的威脅，尤其有上次同仁罹難的慘痛教訓，讓他對居民要求開放便道更是謹慎，深怕會重蹈覆轍。即使中央同意中橫復建協會的訴求，這五公里的工程，從設計、發包、一直到施工完成，最快也要兩年的時間。因此開放便道的訴求，在他看來，短期內並不容易達成。

谷關是著名的溫泉鄉，因山高水長，風景秀麗，而成為中部橫貫公路上重要的景點。山腰水湄，各式各樣的溫泉旅社、飯店林立，往來中橫的旅客都會以此做為休息站，因此遊客終年不絕，帶動了當地的商機。但九二一大地震之後，一連串的天災像一場沒有止盡的惡夢，不斷地降臨這個狹小的谷地，原本的好山好水飽受摧殘，八年之後，到處仍可看到洪水留下來的痕跡。它雖然不像梨山一樣地被孤立，但中橫交通中斷迄今，也使它難以恢復全盛時期的光彩。

谷關溫泉大飯店是當地業界的老字號，從一九六七年的谷關旅社，到一九八二年的谷關飯店，一路發展起來，如今已成為一家最具特色的休閒飯店。該飯店副總經理劉家熾，同時兼任谷關社區發展協會理事長，長年關注地方的發展。他認為谷關雖然受創嚴重，但復原得也快。反而是記者一再報導谷關淹水的新聞，讓遊客裹足不前。敏督利颱風過後一整年，遊客寥寥無幾，當地十五家旅館業者都在吃老本，他也必須向銀行貸款來付員工的薪水。

幸好業者十分團結，都能與社區發展協會配合，致力於大環境的改善，協助疏浚河流，改善聯外道路，目前大環境已恢復了舊觀，客源也回流至九二一之前的水準。但劉副總仍盼望中橫能早日恢復通車，只要這任督二脈一打通，谷關的旅遊業必能蓬勃發展，再創高峰。

從東勢到谷關，只有三十四公里，中橫沿著大甲溪蜿蜒入山，經和平鄉低緩的丘陵地直上二、三千公尺的高山。峰迴路轉，甫過谷關，就卡在光明橋，這座橋下的坍塌處雖只有五公里，卻成了中橫通車最具關鍵性的障礙，也是主張讓山林休養生息者的利器。兩方面的拉鋸從來沒有停過，而且隨著中橫復建協會的強力運作而愈形緊張。

儘管當地居民和業者的處境令人同情，要求中橫復建的訴求也獲得地方的迴響，但關心這個問題的社會大眾若驅車來到這兒，面對眼前破碎的山河和斷裂的公路，大概都會支持封山的主張，讓大地休養生息，才是當前第一要務。何況中橫通車與否，事關國計民生，已非一時一地的人所能決定，而成為國土保育和永續經營的思考層次和國家的環境政策了。

清境農場與民宿的崛起

中橫台八線的中斷，雖然造成梨山以下沿線居民交通的不便和產業的沒落，但卻意外地造成霧社供應線，也就是俗稱的台十四甲線沿線觀光景點的崛起。最明顯的例子，就是清境農場及其周遭的民宿，已取代了昔日的梨山和福壽山農場，成為中橫遊客的新寵。

台十四甲從霧社經鳶峰、昆陽接上大禹嶺後，再回到中橫台八線主線，全長四十

中橫供應線上的武嶺，是台灣所有公路的最高點，往來旅客都不忘在此拍照留念(右上)。一對由埔里出發的單車騎士在台十四甲線上停留整補，預備攻上合歡山(右下)。

一點七公里。沿線有莫那魯道紀念碑、碧湖及廬山溫泉等觀光景點，再往上八公里，就到了清境農場。

一九六一年，也就是中部橫貫公路通車後的第二年，一群原本在大陸滇緬邊界打游擊的異域孤軍及其眷屬二百多人，以義民的身分撤退來台，退輔會為安置他們，特別在此成立「台灣見晴榮民農場」，讓他們耕種維生。農場位於海拔二千公尺左右的山區，擁有大片的草原，視野開闊，空氣清新，氣候怡人，經過榮民辛勤的開墾，環境變得更為清靜、優雅，乃於一九六七年改名為「清境農場」。

一九九二年，政府推動土地放領，榮民義胞們開始自力更生，許多嚮往田園生活的平地人也聞風而來，在青青草原上蓋起歐式風情的農莊，塑造了優質的民宿環境，吸引了許多喜愛大自然的遊客前來遊覽、住宿，清境農場也逐漸從農村經濟轉型為觀光產業。

九二一大地震後，清境農場對外交通全部中斷，整整九個月的時間，沒有遊客上山，幸好農場的損害並不嚴重，到了隔年暑假時，陸續有旅客上山了。但清境農場真正走出震災的陰影，取代梨山成為中橫最熱門的旅遊景點，是在二〇〇一年，當地民宿業者成立「清境觀光發展促進會」之後。由促進會統一掌握訂房的狀況，並負責環境的維護。

他們首先推出「清境一夏——擺夷火把節」，將滇緬邊境少數民族的民俗節慶搬上舞台，吸引了電視台爭相報導，引爆首波的觀光熱潮。一年下來，總共吸引了六十萬的人潮上山觀賞。第二年舉辦時遊客突破一百萬大關，二〇〇四年時甚至達到二

百二十萬人次。平均每天上山的人數高達六千人，大大小小的車輛把台十四甲線擠得水洩不通，影響所及，連埔里、霧社的商家都賺翻了。

由於成長太過快速，許多生意人看到了這兒的商機，便紛紛上山投資民宿。二、三年之間，各式各樣的民宿像雨後春筍般地冒出來，已爆增至一百二十多家。

民宿業者劉祥任說，二〇〇三年後投入的業者，大多是生意人，經營的理念與促進會不盡相同。因此房子雖愈蓋愈大，愈豪華，住宿費也高過五星級大飯店，但對水土保持卻不甚重視，而被媒體批評為「清境農場已不再清淨」，各種負面的報導也時有所聞。

或許受媒體報導影響，也或許大環境不佳，二〇〇七上半年各家業者的業績平均掉三成。老牌民宿業者陳添明分析說，高鐵通車後，遊客逐漸養成了一日遊的旅遊型態，同時全省各風景區都非常重視整體行銷，業者單打獨鬥已難以匹敵。

促進會為了扭轉這股頹勢，重新吸引遊客，改推「清境風車節」，在統一超商及關山牧區的入口樹立了二個大風車，每家業者也都配合在各自的民宿裝飾小風車，以廣招徠。但也有些小型的民宿業者，以家庭式的待客方式，提供親切的服務為訴求，業績反而逆勢上漲。由新進的業者劉玨岑用心規畫的民宿，每個房間都有窗台和陽台，並提供早餐和晚餐，還可和主人一齊用餐，讓遊客有賓至如歸之感，真正融入主人的山居生活之中，已享有一定的口碑，許多遊客都是慕名而來，即使不是週末，也經常客滿。

面對過度開發所導致的環境破壞和業績

衰退的問題，業者普遍都有危機感，再加上財團進駐後，促進會的影響力已大不如前，連會員間也難以建立共識，很難再發揮過去共同經營管理的功能。

行政院退輔會第四處處長王崇林認為，清境農場一定要發展生態旅遊與有機農業，才有可能突破瓶頸，永續發展。他曾任清境農場場長五年，很多民宿業者至今仍感謝他當年給予的協助。王處長表示，退輔會早年在中橫沿線開農場，種蔬菜，是為了供應開路官兵的飲食需要，後來引進高山水果，也是不想與民爭利。

但後來的發展，卻造成了破壞山林生態的事實，迭遭各界批評。這幾年來，包括福壽山、武陵及清境等農場，都已不再種菜或栽植水果，而是收回造林，或改為觀摩教學之用，就是要讓土地復育，防止繼續遭到破壞。

王處長以過來人的身分說，清境農場的交通運輸及停車場都已飽和，台十四甲線不可能再拓寬。此外，水資源不足、水質不好，也是個大問題。受限於這二個因素，遊客人數其實已到了極限，不可能再盲目地成長。但場區內豐富的動植物、昆蟲及鳥類資源，卻可以大力發展生態旅遊與有機農業。

清境農場的前身是馬場，後來又養乳牛及綿羊，雖不具經濟價值，卻是發展生態旅遊與有機農業的絕佳環境。王處長語重心長地表示，業者必須及早建立共識，並結合民間公益團體，走有機路線。一方面提供安全合格的農產品，一方面保留生態環境，才能永續經營。假如不知變通，現有的資源很快就會消耗殆盡。

從清境農場往上走，便進入合歡山區，公路一路盤旋上山，經昆陽、武嶺，而達大禹嶺，其中武嶺是台灣公路的最高點，海拔三千二百七十五公尺。兩旁盡是蒼翠的森林，海拔三千公尺以上的山峰林立，氣勢雄偉，令人眼界大開。只有身歷其境，才能體會當年榮民開路的艱辛困苦，因為當時缺乏大型的機具，大部分的工程都是用人力完成的。

中橫健行隊的青春隊伍

大禹嶺標高二千六百公尺，冬天常飄雪，附近的松雪樓是台灣早年滑雪的勝地，每年冬天總有許多遊客來這兒賞雪，滑雪。但最熱門的，則是每年寒、暑假救國團舉辦的中橫健行隊，也是以此為出發點，一路走到天祥。那壯盛的隊伍，散發著年輕人的朝氣與活力，走在千山萬壑中所引起的迴響，已成了三、四、五年級生共同的記憶。

這些記憶是關原、碧綠、慈恩、新白楊、洛韶、西寶、天祥，這幾個地名所組成的，因為它們就是健行隊中途休息或晚上住宿的地方。白天時，大夥兒氣喘噓噓地揮汗趕路，晚上則在團康活動中盡情地歡笑，或痛苦不堪地拿針刺腳趾頭上的水泡。七天六夜的行程走下來，原本少不更事的年輕人，彷彿脫胎換骨般地都長大了，中橫的好山好水，就這麼鑴刻在每個健行者的記憶中，永難忘懷。

救國團天祥青年活動中心業務組長王邦正回憶說，中橫健行隊從一九六五年開始舉辦，前身原是「中橫公路工程探訪營隊」，由各大專院校推派學生參加。結果大受歡迎，以後每年寒、暑假都舉辦。營隊及參加人數也逐年增加，到了一九九一年

中橫供應線台十四甲上的清境農場近年大興土木，蓋了許多豪華的民宿，對當地的生態環境帶來很大的衝擊。

間達到最高峰，共辦了五十個梯次，參加的學員逾萬人。但仍有人向隅，可見當時的情況是多麼地熱烈！

可是一九九一年後，這股熱潮就逐漸冷卻了，到一九九五年時，甚至連起碼的營隊都組不成，救國團眼看大勢已去，便在一九九六年停辦。走過發光發熱的三十個寒暑，中橫健行隊終於走入歷史。

王組長分析說，時代變了，年輕人的興趣與休閒活動也改變了。過去農業社會較封閉，沒什麼娛樂，年輕人只好出來找朋友。像中橫健行隊這種需要長時間相處的營隊，強調同甘苦、共患難的精神，比較能交到知心的朋友——包括異性朋友，所以令年輕人趨之若鶩。

反之，在現代社會，年輕人能滿足自我的選擇很多，不必參加團體活動，日子也能過得很充實；加上不能吃苦，視登山健行為畏途，難怪昔日搶破頭的中橫健行隊，在短短的三十年之間成為絕響。

唯一還可看到的，便是自行車隊了。沿路不時可看到年輕人騎著單車疾馳而過，或停在路邊喘息，但都是零零星星、三三兩兩地，再也看不到像往日那般雄壯、威武的健行隊伍了。

太魯閣國家公園的成立

從天祥到太魯閣，中部橫貫公路已進入尾聲了，假如這是一闋交響樂，這段太魯閣組曲，必然是令人驚心動魄，壯麗至極的最後樂章。

天祥距太魯閣約二十公里，立霧溪流貫其間，經過千百年來溪水的沖刷侵蝕，形成了舉世罕見的太魯閣峽谷。兩岸崇山峻嶺，處處懸崖峭壁，地形極為陡峭險峻。當年開鑿公路時，可謂鬼斧神工，不知犧牲了多少工程人員的性命，才能在堅硬的大理石山壁上鑿出這條公路。

而沿線的著名景點，像綠水、合流、九曲洞、燕子口等，蘊藏在這片曲折幽邃的峽谷之中，更是步步驚魂，柳暗花明，為這闋大自然的樂章，譜下了最磅礴、壯闊的休止符。遊客來到這兒，面對大自然的神奇和造物主的傑作，大概只能嘆為觀止了。太魯閣國家公園在一九八六年成立，就是為了保護這塊珍貴的自然資產，免於遭到不當的開發和破壞。

太魯閣國家公園管理處解說員林茂耀說，依照國家公園法分區管理的規定，生態保護區、特別保護區與遊憩區是不一樣的，前二者是為了保護野生動物或珍貴的地質、地形、景觀及生態，連人都不可以隨意進出；只有遊憩區內可以蓋公共設施或民宿。太魯閣國家公園成之後，首要的任務是要求轄區內放慢開發的腳步，並力圖恢復原狀。

他認為，梨山及清境農場都是中海拔地帶，原本應是一片茂密的針葉與闊葉混合的原始林，野生動物最多，生物多樣性也最豐富。但是中部橫貫公路通車後，梨山開始種水果，清境農場開始蓋民宿，人為的破壞愈來愈劇烈，假如提早規畫為國家公園，以上的開發行為都可以依法制止，台灣中部的高山就不會淪為今天這種千瘡百孔的模樣了。

他並以興建中部橫貫公路為例，不管是

⑭ 霧社支線附近茂密森林中蘊涵無限生機。出沒於中、高海拔山區的帝雉，難得現身中橫公路上(右上)。高山當藥是合歡山的特殊植物(右下)。

太魯閣風華　透過燕子口的老照片，不難想像當初築路的艱辛(上圖)。一九六五至九六年間，救國團舉辦的中橫健行隊，令年輕人趨之若鶩(下圖)。巧奪天工的九曲洞隧道，每年吸引著無數中外遊客的目光(右圖)。

出於國防或經濟上的考量，都是一九五
○、六○年代舊思維下的產物。一方面認
為人定勝天，再艱鉅的開發工程，都可以
憑人為的技術或力量克服；再來則是大自
然的資源是要為人們使用的，不善加利
用，是暴殄天物。

直到八○年代十大建設完成之後，因發
展工業帶來的汙染，國人才驚覺環境保育
的重要，而產生環保意識。因此批評中部
橫貫公路的興建，是破壞中台灣山林生態
的殺手，並不公平。

林茂耀的結論是，從中部橫貫公路的身
上，我們可以看到不同時期人們對待環境
的不同觀點。即使同樣是修築高山公路，
中部橫貫公路是用人力和簡易機具施工
的，到了興建新中橫，乃至晚近的雪山隧
道時，已經大量使用大型的機具和威力強
大的爆破了，這對大地的傷害當然有程度
上的區別。相較之下，中部橫貫公路又接
近現在所說的生態工法了。

打破人定勝天的迷思

不管有何差別，中部橫貫公路對中台灣
山林生態的破壞，是有目共睹的事實；人
定勝天的迷思，也已被證實不敵歷年來颱
風水災的考驗，最後終因九二一大地震導
致封山斷路的結局，不啻是對這句名言最
大的諷刺。

太魯閣國家公園管理處副處長游登良，
本身就是生態學者。據他長期觀察的結
果，認為中部橫貫公路是台灣地質及生態
的縮影，且蘊涵了豐富的住民文化。沿線
經過的氣候帶，共計有熱帶、亞熱帶、溫

帶、寒帶等不同的環境，造就出多元且繁
複的林相，從闊葉林、針闊葉混合林、針
葉林一直到高山草原都有，因此形成歧異
且繁雜的動物棲息環境，從而孕育了種類
及數量都非常可觀的動物，成為一座蘊藏
豐富的大自然生態博物館，也是一座生態
觀察的樂園。

在人文史蹟方面更是淵遠流長。早在石
器時代，太魯閣地區就有人類活動，屬於
卑南和巨石文化的史前住民，接著又有平
埔族移入。兩、三百年前泰雅族人越過中
央山脈進入太魯閣地區，成為本地主要住
民。日治時期日人強迫泰雅族人遷徙下
山，中部橫貫公路興建時，許多榮民落腳
於此，成為太魯閣的新移民。

如此豐富多元的住民文化與部落遺跡，
與雄偉壯麗的自然景觀結合在一起，已成
了台灣最具代表性的觀光勝地。因此游副
處長認為，中部橫貫公路應重新定位為
「山林生態遊憩道路」，將沿線的山林，當
做是台灣東西二側城市重要的水源涵養和
野生動物的保護區，配合東側太魯閣國家
公園的保育與遊憩發展，打造一條國家級
的景觀道路，才是它未來發展的願景。

這樣的願景的前提是，停止一切人為的
開發和破壞，而最有效的方法便是封山，
讓凋敝的山林休養生息，破碎的大地恢復
生機，那麼它目前的斷裂，將是再生的契
機。眼前的紛紛擾擾，終究會靜止下來。
若干年之後，山林生態遊憩道路重新開
放，中部橫貫公路將成為一道綠色的長
虹，橫跨於台灣中部兩側；充滿生機，卻
又寧靜安詳。

---

⑧ 中橫公路上的西寶國小，全校師生只有六十二名(右上)。谷關路段至今依舊處於坍方狀態，
人類應該如何與大自然和平共處，這是中橫封路後，上天給予台灣的課題(右下)。

太魯閣國家公園

中部橫貫公路台八線，穿行過太魯閣峽谷鬼斧神工般的台灣山水，
但人定勝天的築路意志卻不敵大自然的反撲，谷關至德基段在九二一後封閉至今……

太魯閣峽谷近燕子口段 24°10′23″N 121°33′42″E / 762m

時間與自然合力下，堅實山體切鑿出絕壁深谷。開山築路，為此地帶來
經濟榮景與生態衝擊，為彌合大地傷痕，太魯閣國家公園應運而生。

地跨台中、南投及花蓮三縣的太魯閣國家公園，範圍西起合歡山群、東至清水斷崖、南抵奇萊連峰、北接南湖大山，總面積九萬二千公頃。公園三面環山，東面與太平洋毗鄰，境內海拔二千公尺以上山地約占全境面積之半；名列「台灣百岳」的高山，有二十七座之多。公園除以崇山峻嶺見特色，並有圈谷、峽谷、斷崖、河階及環流丘等特殊地形，共同構成渾然獨具的地理景觀。

國家公園內河川以中央山脈為分水嶺，分別往東西向流。發源於中央山脈的奇萊北峰和合歡山之間的立霧溪，流域面積占公園全境三分之二，是最主要的河川；河川向東從花蓮新城入海，在經年的下切及河蝕作用下，上游因岩質較軟，河蝕作用劇烈，形成開闊谷地；下游岩質堅硬，河蝕作用較緩，下切形成陡峻峽谷。

其中，由天祥蜿蜒至太魯閣的河段，兩岸的年代可追溯至二億五千萬年前的大理岩層(變質結晶石灰岩俗稱)，因地殼、河川以及風化等作用，刻鑿出瑰奇壯麗的峽谷景致，即為中外知名的景點——太魯閣峽谷。

國家公園成立的歷史，最早可上溯日治時期。早在一九一四年八月之前，日本勢

南湖大山主峰
24°21'40"N 121°26'25"E/3100m

雄踞中央山脈主稜線北段的南湖大山，氣勢恢弘的磅礡山體，是山友間口耳相傳的聖域，素有「帝王之山」美稱，與玉山、雪山、秀姑巒山、北大武山並列為台灣五岳。南湖著名的圈谷地形，早期推測為冰河遺跡，後來認為是風化或河蝕作用產生；儘管爭議未決，但未能撼動其王者地位。

力尚未進入太魯閣族領域。然因剽悍的太魯閣族時與日人發生衝突，為有效統治，日方乃制定「理蕃計畫」，並於一九一四年六月至八月中旬，發動所謂「討伐太魯閣」的軍事鎮壓，摧毀立霧溪流域原住民的反對勢力，並順勢統治太魯閣族部落。一九三七年，日方擬將太魯閣所在的立霧溪流域，以及雪山、大霸尖山、霧社、谷關等，劃為面積達二十七萬公頃的「次高太魯閣國立公園」，後因第二次世界大戰爆發而擱置。而後，到了民國時期，由於中橫公路的開築(一九六〇年通車)，使得農業、遊憩活動等順勢進入當地，造成沿線生態環境的衝擊。

一九八〇年代，又有台電籌備立霧溪發電計畫及台塑預定開設崇德水泥礦區，在當時引起環評上極大爭議，最後由行政院決議終止所有開發，並於一九八六年成立太魯閣國家公園。

歷史的過往與煙塵，未曾思索將來的開發，雖因國家公園的成立而暫時畫下句點。然而，昔日的築路殖墾，對於自然環境已造成戕害！或許，藉由公園相關的規定與管制，能讓大地的傷口慢慢復原；以期成為兼具環境保育、歷史文化及觀光遊憩等功能的生態樂土。

中橫公路谷關至德基段
24°14′57″N 121°5′35″E/310m

九二一地震，嚴重摧折島嶼中部，中橫谷關到德基段，更因路基崩壞封閉至今。滿目瘡痍的地表，儼如國畫披麻皴山水。封路除截斷西部直抵太魯閣的捷徑，對當地居民的聯外與生計影響更深。早年公路的開通，是為台灣的基礎建設著力。而今，或許該靜心反思，人類與自然的共生之道。

山岳公路台二十一線 ㉑
隱匿與生機

台二十一線戛然而止的玉山塔塔加附近，獼猴不畏人地往車內討食
當初計畫縱貫中部山岳的公路，因生態考量而一分為二，也阻斷了發展
經歷世紀末大震與各種天災，這條山岳公路重現了繽紛生機
而沿途的多元族群風貌與在地硬頸精神，正重新定義著台二十一線的意義

要讓居住在台灣的人回憶台二十一線的故事，可能不是件容易的事；拋出「山岳公路」線索，告訴「北起台中東勢，南至高雄林園」的地理位置，得到的可能只是模糊的地緣概念。那把二十一線，粗略地分類為「新中橫公路」呢？許多人甚至弄不清它與中橫公路的差別。

再把線索範圍縮小至某區域，告訴大家「信義鄉」、「神木村」以及「陳有蘭溪」地處台二十一沿線上，於是，像心照不宣般，許多人開始有了共同的畫面、共通的話題：「哦，我知道，那裡有土石流」。

一幕幕暴漲溪水、挾帶大量的土石瞬間衝擊橋墩的畫面，很難不讓人情緒沸騰或置身事外。從都市來的電子媒體，利用鏡頭與SNG來掌控詮釋的能力，於是，公元

（21）為求作物豐收，南投國姓鄉農民在檳榔樹上綁金紙祈求神明保佑。

二〇〇〇年的桃芝颱風，我們得以遠在幾百公里外「身歷其境」。在台二十一線97k經營診所的楊茂銀醫師打趣說，「每次颱風季節前夕，不管有沒有下雨、坍方，新聞媒體總是架好攝影機，守在橋頭，等著拍土石流的畫面。」

這大概是媒體認知台二十一線，最淺顯易懂的方式之一。將土石流、信義鄉與新中橫公路畫上等號；因此，常讓人誤以為台二十一線等於新中橫公路。如翻閱地圖查詢，台二十一線上的「新中橫」，甚至不及全長的四分之一，往北有南投魚池、埔里、國姓等鄉鎮，往南延伸，更有高雄那瑪夏、甲仙、旗山等地。

與西部其他縱貫公路相比，台二十一線沒有台一線熟悉的開闊，也比「內山公路」台三線的丘陵地形來得更靠近內陸。全長三百零七公里的公路，更在玉山國家公園塔塔加附近一分為二。隔著近五十公里的南北兩段，穿搭統一的省道編號，逕自活在不同地景、風格與民俗裡。

那段近五十公里未開鑿的「斷層」，是以台灣公路史「人定勝天」及駕駛「快還要更快」的用路思維來開闢的，如何忍受多出來的舟車勞頓？走完一整趟，行走的里程數遠超過省道規畫的三百公里，著實繞了一大圈。於是，在追求高效率的蕞爾小島，產生了一種弔詭；如果要將台二十一線「扎實」完整走過一遍，從起點一路開至塔塔加後，必須往右拐入十八號省道，行走「阿里山公路」到山下，再從鄰近嘉義市區的高速公路交流道下至高雄，繼續踏尋那屬於同一身分的編號標誌。

歷史總在風起雲湧中以不同姿態重現它的身世，這條西部最靠近中央山脈的「縱」

貫公路，從國家公園風氣興起，到時空變遷下國防政策，現在卻以新中「橫」公路之姿，在群山谿壑中展延開來。

一九七七年，時任行政院院長的蔣經國，宣布新開闢三條以玉山為中心，連結嘉義、南投以及花蓮的公路。攤開地圖就可以了解，三條接起來才是道地的「橫」貫公路，現在的新中橫，只是當時其中一支──「水里玉山線」。

現任公路總局養路組組長吳鎮封，一九七八年進駐當時還未稱為新中橫的區域，他指出，當時水里玉山線起點，水里頂崁到信義神木村，大多為碎石路或日人開發的林道；神木村之後，一路陡升至兩千六百公尺的的玉山山麓塔塔加，便是他時任測量組組長帶領其團隊規畫新闢的路線。

沒有類似雪山隧道的鑽井技術、「人工」意志的勝利，最後凝化成一種曾經滄海的神情，並娓娓道來，「當時測量只能選在『冬天』及『早上』進行。山區夏天多毒蛇，下午易起霧，霧大時甚至一天只能規畫一百公尺。」吳鎮封在台北公路總局攤著地圖，描述往日艱險之際，我腦中同時回憶起採訪前的路線探勘：開著霧燈，沿著不曉得何時會掉落石頭的光禿山壁，驚心駛過的畫面。

然而調閱早期有關興建緣由的資料，也只以「加強東西部交流」寥寥數字註記。陸續採訪幾位當初開路的工程師，用「我聽說……」「有人講……」等不願證實但心照不宣的默契，或多或少提及當時新中橫與台二十一線，在國防部主導下肩負戰備道的功能。隨著「漢賊不兩立」的時空消逝，當初劍拔弩張的兩岸情勢已不復見；同一時期，台灣也正接受自西潮引進的國家公園觀念，「政治」與「自然」時空先後揉合，間接放棄連接花蓮玉里與高雄那瑪夏的路線，最終演化成今日「一分為二」，「縱」走的「橫貫公路」。

環境培養出硬頸精神

歷史因緣一向悄悄被接起，又忽地斷裂。地處開發甚早的西部地區，扣掉台中境內與南投交界的起點不算，長三百公里的公路僅跨越南投、高雄兩縣，因此，從未接起的兩邊常得到一個印象：地處南投，試著向居民打聽有關高雄台二十一線的種種訊息，得到的不是靦腆的搖頭，就是一知半解的答案。

或許這反映出一個事實：西部有高速公路、快速道路南來北往，南投段與高雄段，同處群山環繞的地理位置，如

【台二十一線小檔案】

位　　置：北起台中縣東勢鎮天冷，南至高雄縣林園。

長　　度：約252.867公里(扣除未修築道路里程)

工程紀要：清初漢人自斗六溯濁水溪而上，經集集、水里至日月潭開墾，是史上首條進入埔里的道路。水里同富路段，沈葆楨治台時期開闢「南路」。日治時甲仙至旗山路段被列為指定道路「旗山甲仙道」。全線於一九六二年進行第一次整編。

特　　色：最靠近中央山脈的縱貫公路。由北而南分別為丘陵、盆地、高山及平原。日月潭、塔塔加、旗山皆為知名景點。

非在地或有目地的遊客，以路途的蜿蜒，幾乎很少有人願意把它當作通往其他各地的運輸要道。地理條件的先天限制，難以清楚描繪印象，更甭提已經「分隔兩地」，卻要彼此「相互了解」的住民。

從南投段起點開始，一路至國姓鄉，眼前所見，並非出發前讀到的高山印象，由於盤踞腦海的新中橫印象太過強烈，以致很難說服自己，首先映入眼簾的，竟是檳榔樹盤據的連綿山谷。

沒有城市的經濟力量加持，台二十一線只能自力救濟，沿路型態大部分是農村經濟，檳榔在經濟起飛的八〇、九〇年代產生大量需求，進一步促使農民紛紛放棄原有農作，改投靠這一「賺錢」行業。

國姓鄉民政課課長張文正，從小在國姓鄉北港村成長，提起北港村，很少人對它有印象，但只要說起「糯米橋」三字，跟新中橫一樣，馬上被賦予幾個鮮明印象：古蹟、颱風、古建築。糯米橋矗立的北港溪，正巧也是台二十一線經過之處。

二〇〇四年的敏督利颱風，雨量一下來得太急，瞬間北港溪暴漲，挾帶強烈土石的溪水溢過橋面，把橋面路基沖毀，但底下的橋墩仍安全挺立在北港溪兩側。事後，開始有人嘖嘖稱奇這條橋的建築技術工法。他指出，一九四〇年建造的糯米橋，是當初日本人運送木材的要道，離這裡不遠的惠蓀林場，也是當時殖民政策下，開發中部林木的其一據點。一九三六與三八年興建的南、北圳，開墾農田並引進灌溉水源，讓當時的北港村有「國姓鄉米倉」的封號。

從樟腦、稻米、香茅、梅子，一路轉成現在的檳榔樹，為了謀生，從終戰後到現在，不斷更替作物；於是，台二十一線沿線住民好似演化般，養成一種認命的「硬頸精神」。張文正細數早先父執輩從新竹、苗栗或台中東勢客家庄移居國姓，「市場需要什麼，我們國姓鄉就種什麼」，即使現在農村經濟蕭條，也要不斷改變農業項目好順應勢頭，時代巨輪趕著他們，這幾乎沒得選擇。

硬頸，原形容早先客家移民容忍於環境艱險，而不願服輸的態度。這條蜿蜒、險峻的公路，正因為地貧，沿線居住的族群不自覺正體現這精神。土石流的畫面震撼台灣全島，也挑戰自然對「人定勝天」的容忍程度，牽連台二十一線命運的三大災害：「九二一地震」、賀伯與桃芝颱風，完全重創沿線農業。除了有「小洛陽」之稱的埔里鎮，坐落在台二十一線南投段的聚落，農業幾乎是所有住民賴以生存的條件，一旦天災來臨，幾乎拖垮此地經濟。

「颱風天土石坍方，如果這裡蔬菜運不出去，全省菜價就跟著上漲。」神木村隆華國小對面的雜貨店老闆，以他的多年經驗提出觀察。當問起颱風天土石流對生命財產的威脅時，淡淡一句「家都在這裡，甘有法度！」道盡一切無奈。

來這裡之前，幾乎直覺式地認為地處新中橫公路最裡面的聚落——神木村，一定是原住民世居在此的部落。好像原住民理應在山裡，而且還必須過得「怡然自得」，才符合我們對「山地」原住民的想像。實地採訪後才赫然發現，如同從全省各地到二十一線開墾的閩、客移民，「神木村」竟然是客家人占百分之八十的「客家村」。

為了生存，人類可以將潛力發揮極致，日治時期，殖民政府有意識開發山林政

糯米橋：古老工法抗洪濤

　　南投縣國姓鄉三級古蹟「糯米橋」位於北港溪上，公元一九四○年時為運送木材而闢建，當時水泥價昂，故以糯米混和紅糖、石灰取代，以砌磚建橋。令地方人士稱奇的是，歷經多次颱風侵襲，北港溪波濤洶湧沖刷不斷，橋梁主體仍屹立不搖。

　　一九五九年「八七水災」，國姓山區降下大量豪雨，北港溪溪水暴漲，糯米橋為當時交通運輸要道，老照片裡仍可見當地住民在上行走(底圖)。直到台二十一線開通，糯米橋功能才日漸被取代。

　　二○○四年敏督利颱風帶來連日豪雨，洪水甚至淹過了糯米橋橋面(左上)，雖然橋面毀損等待修復(右上)，但受沖擊最大的橋墩依然完好；颱風過後，因媒體大篇幅報導，吸引民眾爭相參觀，已成為國姓鄉近年新興觀光景點。

策，樟樹及樟腦事業，成為日本官方最愛的樹種，神木村的客家人，在早期謀生不易的時空背景下，輾轉來到神木村開墾。

光復後，農業經濟丕變，神木村的客家人轉植蔬菜、蕃茄、甜椒等蔬果。當賀伯及桃芝颱風重創神木村時，政府及民間團體將「遷村」議題討論得沸沸揚揚時，「遷村？田怎麼辦？還不是要進來種！」開著貨車，準備將高冷蔬菜送至山下的司機黃添福，一針見血點出遷村問題的難處。

政府要如何遷？遷到哪？是否改變當地居民的生活習慣？問題不一而足，最後，遷村議題沒了下文。與其說遷村的不了了之，倒不如說這是新中橫段農村經濟的具體縮影。信義鄉愛國村的梅子、豐丘村的葡萄、神木村的蔬果……，信義鄉唯一的聯外道路台二十一線，如同生命共同體，讓沿線聚落「有福共享，有難同當」，載浮載沉彼此相同的命運。不過災難，有時反而成為凝聚部落最重要的向心力。

「我們有算過，賀伯、九二一、桃芝颱風被困住的時間剛好都是八天。」在同富村開業的牙醫師王佑崑回憶。他的太太吳瓊芬在一旁附和著，「第一次賀伯颱風來襲，看到溪水高漲，漫淹到路上，嚇到腿都軟了！」，但「自從三大災後，已經很有經驗，知道怎麼應對。」她細細描述當初同富村如何在道路坍方後，一起煮大鍋飯、村民如何分工合作，以及安撫從東埔溫泉下山「嚇到全身發抖」的遊客。

這種集體求生意志下迸出的生命力，讓落腳在此的閩、客移民，與早先被日本人趕下山的布農族，沒有因為這三大天災而改變其居住意願。天災雖然不改其「志」，不過稍微留意台二十一線，不難發現這條從北到南的縱貫之路，到處充滿了「移入」與「移出」的氣息。

「學人類學，絕對不會錯過埔里這個地方。」埔里地方文史工作者潘樵，一語道出埔里族群的多樣。撇開學者的研究，外地人又是如何認知埔里？是早期埔里醇淨水質製作的紹興酒？旅遊熱門路線「清境農場」的中繼站？還是九二一地震後，依舊記憶猶新的斷垣頹壁？

前仆後繼的移民史

群山環繞的埔里盆地，地理位置即形成一定程度的封閉性，根據學者考據，由於原住民泰雅、布農及邵族，最早占據現在埔里盆地及魚池鄉日月潭，早在清朝雍正前即已被畫為警告意味濃厚的「番界」。

相當於當時畫分原漢生活區域之間的番界；另一方面，也揭示漢人為了開發，曾經與原住民有過的衝突。最早進來埔里盆地的泰雅、布農族，反而在之後遭受平埔族及漢人一波波移入的衝擊，輾轉被迫遷至現在的信義及仁愛兩個山地鄉。

根據潘樵及其他專家的研究，發現當時主要有兩條路線能夠進到埔里。一條是「北路」，從現在國姓鄉的烏溪沿著溪床，走到國姓市區，再一路翻山越嶺至埔里；另一條「南路」，從竹山、集集、水里，一路經過日月潭到達今日的魚池鄉。其中，北路的「翻山越嶺段」與南路水里到魚池鄉路段，即是台二十一線部分路段。

二十一線少有富庶的埔里盆地，在族群

㉑ 山岳地區農民辛勤打拚時必須面對氣候的考驗，南投豐丘葡萄能否順利北運，還得視台二十一線的道路狀況而定。

傾軋下，為了生存，步步進逼，多元是族群衝突後的融合結果。一八八四年間，漢人欺壓平埔族的「郭百年事件」，即從「南路」出發，一路進逼當時位在魚池的平埔族群。後來，平埔族群受壓迫後，輾轉入墾埔里。不過，移入後不到二十年光景，迫於西部平原人口壓力，漢人利用通婚等管道陸續進入埔里盆地，自此，開始了同化平埔族的歷史。

潘樵強調，不過「兩代」光景，平埔族的母系社會，便被以父系社會為主的漢族群同化，同時，也開啟埔里多元族群的濫觴。揉合的族群，自早先便不斷在埔里盆地移入移出，甚至，一九九九年的「九二一大地震」，也在台二十一線的見證下，以不同的姿態活化埔里。

移出傷痛，移入希望

台二十一線開往埔里的路上，往右方遠望，已被夷平的山頭「九份二山」，開車最需要的安穩情緒，此刻變得既渺小又脆弱，很難不讓自己的情緒拉回到那個晚上，午夜一點四十七分。

那晚的集體記憶，想必南投人是記憶深刻的。位居中央的埔里，車籠埔斷層一陣數十秒的抖動，抖落山城超過一萬戶的房子。其中本應是庇護所的學校，也在這次地震中損毀。將近八年了，當初新聞畫面裡，絕望到令人心碎的眼神已不復見。

從二十一線拐進市區道路，走進慈濟援建的埔里國小，三、兩個孩子在操場嬉鬧打球，與途中九份二山的震撼，兩種極端畫面的交錯，突然間領悟了醍醐灌頂的滋

味。原來，這是證嚴法師「九二一希望工程」真意：「絕望中必須產生希望」。

坐落在台二十一沿線，社區營造堪稱典範的埔里「桃米生態村」，當初在「九二一」時也遭逢巨大打擊，走進剛落成的「九二一震災紀念館」，館內還保留著地震時被震垮的土角厝，裡面詳細紀錄桃米村歷史。一樓展示間陳列村民生活照，從畫面裡可以強烈感受村民的自信，彷彿以驕傲之姿向外人宣告：「我以身為桃米人為榮。」

因為他們看到了希望。

如同南投其他農村，七、八〇年代，是桃米村農業最風光之時，社區還有筍子工廠外銷日本，隨著經濟由農轉工商，農村在近十年逐漸沒落。現任桃米社區發展協會總幹事鐘雲暖回憶，地震震垮了原本就瀕危的農村經濟，「地震發生後，大家沒工作，整天等著餘震。」

於是當時的桃米村長黃金俊，開始向外求援，找到一樣出身南投的「新故鄉文教基金會」，希望能幫助桃米村走出困境。在一連串的摸索與合作後，基金會找來老師，引進「生態村」概念，並幫助農民上課，協助其整地及解說員訓練，凝聚桃米人久未復見的向心力。

倒了又建的房子、不斷轉型的產業，從絕望到希望，連桃米村旁的暨南大學，也在「九二一地震」，透過台二十一線的運輸，讓學生北上台北，借用台灣大學的教室上課。這些移「入」和移「出」故事的吉光片羽，正在南投台二十一線上，低調但綿綿不息地接力上演。

從塔塔加繞過嘉義，到達台二十一線南

面對每遇颱風輒易坍方的道路，前往塔塔加的原住民，以人工方式清出車道（右上）。南投縣望鄉部落居民為因坍方而延誤送醫的同伴舉行告別式（右下）。

21 中央山脈群峰包圍山中聚落，閩人的同富村、布農族的望鄉、久美村，因台二十一線公路而串連彼此生息。

段，地處回歸線以南的高雄，地景與北段完全不同。整條不太為人知曉的地名裡，只要回憶起「旗山」，對於生活在六○、七○年代的台灣人而言，幾乎就等於是「台灣錢，淹腳目」的代名詞。

集散中心的過往風華

走在旗山老街上，穿過一整排的巴洛克建築，很難不去忽視這裡曾經擁有的驕傲。「現在年輕人可能不知，當初我們旗山農會裡的存款，是全省第一。」「……早期判斷一個人是否富有，不是看西裝金錶，而是看是否穿用香蕉皮編織的衣服。」以再造旗山文化活水為使命的旗山人王中義，興致勃勃地說著這段以香蕉打拼的旗山往事，然而，誰又能預料到今日香蕉滯銷，淪為豬飼料的萬般無奈？

正如同穿過旗山市區的台二十一線，經過不同政權交迭，默默見證旗山產業的歷史。往前推一個統治時期，日本占領台灣，從最早為穩定政權所闢的軍備道路，沿楠梓仙溪河谷一路從鳳山經蕃薯寮(旗山古地名)開築到八張犁，轉變為攫取杉林、甲仙等地的木材及樟腦而開設的「旗山甲仙道」，旗山以它特殊的轉運功能及地位，漸次在這條道路中嶄露頭角。

尤其到了後期，為了運送甘蔗，從大樹經旗山到美濃竹頭角的「旗尾線」糖業鐵路，不僅擔負運送甘蔗的任務，更兼營大眾客貨運輸的「營運線」。「早先還沒有屏東火車站時，一律靠這條線路到大樹鄉的『九曲堂』車站，再轉搭客運往高雄及西部地區，」王中義一邊解釋說明，一邊指著地圖，「這條肩負農業與人口的鐵路，就是現在台二十一線的前身。」

載著人口與作物，一路伴著旗山經濟的旗尾線，之後更用香蕉一舉打響旗山名號。日治時期為「開發」內山產業而修築的種種交通建設，光復後陸續收編為台二十一線。旗山吸納了上下聚落群的能量，並四向發散，造就旗山當時榮景。

如果把南投、高雄兩條路線放在同個脈絡來看，孕育國姓鄉米倉的北港溪、桃米村桃米坑溪、信義鄉陳有蘭溪等……，溪流在台二十一線裡，與道路成了生命共同體。放眼人類歷史，溪流總作為人類定居及移墾首選，台二十一線經過的河流，都與人類聚居地產生了某種連結。

發源於玉山山麓的「楠梓仙溪」，從那瑪夏、甲仙一路流至旗山，最後匯入高屏溪出海。台二十一線高雄段，或平行、或交錯，依著楠梓仙溪一路蜿蜒；認真走一遍不難發現，大樹鄉、旗山鎮的閩式風景，旗山旁縣道一八四以東，是全省有名的客家庄「美濃」；過了旗山，往甲仙的路上，寬闊的四線道漸至縮減為雙線道，尤其往那瑪夏鄉後，開始進入以南鄒與布農族為主的原住民部落，多元族群漸次呈現在台二十一線，難道這是「巧合」？

處在遠離平原的「內山」，一路上或多或少都有原住民的身影，這條山岳公路呈現的多元族群，並不亞於南投段，長年研究高雄縣族群分布的學者簡炯仁，多次在專書引用黃叔璥《台海使槎錄》的一段話：「羅漢內、外門，皆大傑顛地也。」

大傑顛社即是南部平埔「西拉雅族」其

中一支。根據簡炯仁的研究，遠從明朝鄭成功時期，大傑顛社便一路從西部平原被迫遷至現在的內門鄉及楠梓仙溪流域，也就是台二十一線附近範圍。

當初內、外門的界定範圍，即是現在內門鄉與旗山鎮交界之處；清乾隆中葉描繪漢番界線的《台灣番界圖》，現在熟悉的美濃、旗山，當初全為清朝眼中「化外之地」。生活的壓力，讓漢人一路將開墾腳步從平原移向內陸，平埔族的生活空間日漸被壓迫。著有《甲仙文史記事》的游永福，以閩南語為例，強調當時平埔族人為了「避免被漢人剝削」開始學閩南話。這是為了生存不得不然的選擇，同時也影響在甲仙附近的布農與南鄒族等「生番」。

他舉出在生病住院時的經驗，隔壁病床的布農耆老竟然「講台語嘛也通」；經過一番詢問，才了解其父執輩都用台語與漢人溝通。這即符合描寫早期台灣民俗風情的《安平縣雜記》其中一段：「**四社番與生番交通貿易，無時不有……週來生番知閩人語言多，可以不用通事自相交易也。**」

游永福強調，台二十、二十一線兩線交錯的甲仙，當時即是外來物資與山地作物的交換中心。後來一波波移民陸續湧入甲仙開墾，日治時期樟腦政策的開發，更吸引了北部的客家人陸續前來開墾。近年本土意識高漲，隨之而起的是對自我認同的探索與質疑，如同游永福提到的，平埔族漢化後，不願承認自己是「番」，而喪失文化傳統；甚至，依他就近觀察，居住在甲仙的新一代客家人，也因為「閩南文化的強勢而日漸失去說母語的能力」。

族群的確融合了，但消化後的新時代面貌，卻是極其殘忍而不堪。曾經囊括整條台二十一線腹地的平埔族，如今，只能在甲仙小林國小裡求取一小塊空地，在「小林平埔文化館」裡，展示曾經留下的生活方式，憑添其惆悵。眼下我們對平埔的模糊想像，大概建立在總統府前的「凱達格蘭大道」，似懂非懂地了解這條以平埔族命名的道路。隨著本土化覺醒，我們意識尋根的重要，然而，又有誰能百分百肯定自己族群血液的純正？眼下台灣社會沸沸揚揚的「族群認同」，其實，早在還沒有「台二十一線」的標誌時即熱鬧上演。

重新定義台二十一線

從古至今，台灣長期是一族群變動劇烈的社會，這是歷史事實。就像台二十一線上隱而不諱，終戰之後的開發，幾乎把它定位為觀光旅遊，或是紓解車潮的聯外道路，甚至淪為候選人在颱風季節時，因為媒體蜂擁而至，而積極想在鏡頭前爭取曝光機會的舞台。外界不間斷地對這裡下定義，哪怕定義有時下得稍嫌簡化。

撇開城市浮華一路徐行，得以欣見在玉山腳下，一條有別於外人定義的，「閩/客」、「本省/外省」粗糙論述的族群變遷。如果西部省道台一、三線見證台灣的歷史，那麼，好比過客般，迎來送走一批批子民的二十一線，內藏其中的故事，哪怕到了今天，我們或許仍用一種野史的態度輕率稱謂。要不是晚近對台灣本土的重新思考，誰能保證野史不會像昔日的平埔族，最終一路湮沒在荒煙蔓草之中。

㉑ 高雄那瑪夏鄉的南鄒族卡那卡那富族人，在小米收成之後舉行「米貢祭」，感謝天地祖靈，族人帶著孩童參與並重新熟悉自己部落文化。

㉑香蕉從日治時期就是台灣重要出口
農產之一(左圖),主要產地在美濃、
旗山一帶。一九六九年後,香蕉外銷逐漸
走下坡,今日,獨剩台二十一線上的旗
山,仍是著名的香蕉之鄉。

【邵族與日月潭】

台二十一線所經的日月潭,原是台灣原住民中,邵族的活動範圍。就像其他原住族群的族名一樣,邵(Ita Thao)族的原義也是「人」。

根據邵族的口傳歷史,他們的祖先是追逐白鹿時,翻越阿里山而來到日月潭。人口甚少的他們,讓學界對於他們是否應該歸屬於鄒族(Tsou)的一支,一直爭論不休;另一方面,由於邵族和漢族接觸較早,也曾被歸類為平埔族。

但到底邵族該屬於「高山族」或者是「平埔族」?迄今仍無定論。從文化、服飾、體質等特徵來看,邵族均和鄒族人不同;邵族人自己也否認他們是鄒族,並且還曾發起正名運動。

二○○一年,經過多年的爭取,邵族終於獲得政府的認可,正式承認其為原住民部族之一。

深受祖靈信仰影響的邵族人,對大自然敬畏有加,但近百年來,邵族與漢人頻頻接觸,使得邵族社會有了急遽的改變。尤其在日治時期,日人為了興建日月潭發電工程,將邵族族人遷居到Braw-baw(卜吉社,即今之日月村「德化社」)。

他們被迫放棄原有的家園和耕地,而接受日人所配與的少量租田,自此邵族的經濟受了很大的限制。

台灣光復前後,日月潭成為台灣的旅遊名勝,遠道而來的人絡繹不絕,遊客陶醉山光水色之餘,卻對邵族傳統社會,造成巨大的衝擊。

最弔詭的是,雖然就在九族文化村內,但一般民眾,卻無法藉此了解真實的邵族文化。在日月潭,多半只會看到一些與邵族文化無關的廟宇,如文武廟、玄光寺、玄奘寺、慈恩塔等,或是過去強人政治的圖騰,如先總統蔣公銅像、光華島,以及涵碧樓等。

對此,「邵族文化發展協會」的理事長巴努・佳巴慕慕,曾表示將來要結合「原住民自治區」與「原住民文化園區」的理念,成立「邵族文化自治園區」,一方面兼顧邵族人的生存與就業機會,另一方面,也能留給邵族人,在文化傳承與發展上的空間。

巴努更進一步說,在他的規畫中,凡是進入園區的人,一律都要以「邵語」交談,如果不說邵語的話,就嚴格執行科以罰金的規定,然後,再把這些罰金,全都拿來當作邵族文化發展的基金。

巴努的想法言猶在耳,但一九九九年發生的九二一大地震,隨即對邵族造成更大的傷害。地震過後,邵族原本稀少的人口,一下子銳減至不到三百人,這使得原本就岌岌可危的邵族文化,在一剎那間,更顯得無比脆弱。

面對外來,日月潭的邵族人,除了自地震後便戮力重建家園外,也思索從文化重建的角度,維繫族群的文化。截至目前為止,邵族每年都在日月潭擴大舉辦傳統祭典「播種祭」,惟明顯減少的人口,依然是邵族的最大隱憂。 (文/陳世慧)

㉑ 位於日月潭中的光華島,是邵族人的聖地及祖靈之島(右上)。「杵音」是邵族的傳統音樂,通常由八至十六根長短不同的木杵,在石板上交替敲擊,以達合奏的效果(右下)。

玉山國家公園

玉山以東，沃土以西，新中橫台二十一線一分為二，
在塔塔加鞍部前，築路者保留給高山地帶一片盎然的生機……

玉山主峰、北峰及東峰
23° 28′10″N 120° 57′28″E/4267m

冰雪披覆、潔白如玉的「玉山」，始終是世人眼
中台灣意象的No.1。以台灣第一高峰命名的玉山
國家公園，提供高山地區物種保育及生態環境絕
佳舞台。

玉山國家公園，因主要構成為玉山山脈而得名。公園地跨花蓮、高雄、南投、嘉義四縣，面積居台灣陸域國家公園之冠。全區近七成是超過海拔二千公尺的高山地形，而三千公尺以上、列名台灣百岳的高山則有三十座之多，是標準的高山型國家公園。由於海拔跨度大，國家公園含亞熱帶、溫帶與寒帶等多變的氣候帶，直接影響植被的垂直林相變化，並促成此間豐富多樣的野生動、植物樣貌。

本區擁有台灣半數以上的原生植物，哺乳動物約五十種，包括台灣長鬃山羊（*Naemorhedus swinhoei*）、台灣黑熊（*Ursus thibetanus formosanus*）等台灣特有種；鳥類約一百五十種，包括帝雉（*Syrmaticus mikado*）、藍腹鷴（*Lophura swinhoii*）、冠羽畫眉（*Yuhina brunneiceps*）等台灣特有種；二百二十八種的蝴蝶，約占台灣總數之半；並有冰河期孑遺生物、具學術價值的兩棲類——台灣山椒魚（*Hynobius formosanus*）及楚南氏山椒魚（*Hynobius sonani*）。

除了豐富的地質、生物等自然資源之外，在水文方面，濁水溪、高屏溪及秀姑巒溪這三條台灣中南部的重要水源，其上游集水區都在公園境內。

追溯歷史，玉山早在日治時期(時稱新高

排雲山莊
23°28′9″N　120°57′28″E/2743m

排雲山莊位於玉山主峰下，海拔高度三千四百零二公尺，距玉山頂二點四公里，是玉山登頂的重要歇宿處。山莊初建於公元一九四三年，原為日治時期的警察駐在所，而後由台灣省林務局改建並歷經整葺，成為登玉山主峰的最終中繼站。

山，以其高於日本最高峰富士山，明治天皇於一八九七年詔令更名新高山，意指日本領土新的最高峰），即曾做為「新高阿里山國立公園」的計畫地，後因第二次世界大戰爆發告終。及至一九八二年，再度規畫為國家公園，並於三年後成立。國家公園的設立，原為保存當地的生態資源；而公路的開鑿，似乎總與之背道而馳。由新中橫公路(省道台二十一線)和玉山國家公園的爭持，可見一斑。

一九七七年，新中橫公路計畫由嘉義開至花蓮玉里，途經阿里山、穿越玉山塔塔加鞍部，並以隧道貫通八通關草原。當工程進行至阿里山時，經學者現場探勘認為，工程將直接影響八通關草原生態，為此學者對當時經建會等相關部會說明：玉山至玉里段工程，恰好位在中央山脈心臟地帶，地質不穩、崩塌地多，又為眾多野生動物棲息地。會後決議工程暫停，並展開環境影響評估。

一九八六年，行政院會決議，停止塔塔加鞍部以後的公路建設，讓玉山國家公園保有原始風貌，而只留下完成一半的新中橫。開發與保育的拉鋸，是環保意識抬頭後許多國家時刻面對的議題。孰重孰輕，儘管各執一詞，但終止開路後所保存下來的盎然生機，毋寧是令人可喜的。

郡大溪
23°34′47″N 121°0′12″E/2743m

郡大溪發源自馬博拉斯山與秀姑巒山之間，如同周遭雪山與玉山山脈間的其他河川，郡大溪亦呈南北走向；在流出玉山國家公園範圍後一路往北，最後注入濁水溪。此間山勢因溪流經年切割而平緩，遠望層巒疊嶂，一脈清流蜿蜒，有若彩筆點染山水。

路漫關山重

由空中俯瞰台二十線的南部橫貫公路段
最能領略沿線中央山脈的壯闊雄奇，及當年築路人員的艱辛
左方的白點，是全線海拔最高的關山埡口，也是台東縣與高雄縣的交界
從古老府城一路到仙境般的山區，台二十線走出一條族群並陳的百年長路

（攝影／齊柏林）

週末的午後，燦爛如金箔的陽光，彷彿要把台南拉回往昔「一府、二鹿、三艋舺」時代的榮光裡。

在台二十線的起點，全台灣古蹟密度最高的台南市中西區，幾名頭戴遮陽帽、手持扇子的日本歐巴桑，七嘴八舌卻又看得出她們正力持優雅。當導遊指著前方的「湯德章紀念公園」說：「這原是紀念前台灣總督『兒玉源太郎』的公園」時，眾人紛紛發出：「喔！」的一聲；當導遊轉了個身，指指背後的歐式建築再說：「而這個國家文學館，就是以前的台南州廳！」只見歐巴桑們像說好了似地，同樣的姿勢、表情，又重複了一次。

放眼望去，以環狀的公園為軸心，有著「119」三個腥紅大字的消防隊，原是日本

一九六五年，南橫路段的布農族人胡奇萬，參與正式動工前的測量工程。

時代的「合同廳舍」；警察局是「警察所」；氣象局是「測候站」；如綿裡針無處不在的殖民痕跡，讓台灣一向是日本遊客的最愛。至於金髮碧眼的背包客，雖不知確實來歷，但想是在瀏覽過赤崁樓後，屐著涼鞋一路緩步走到孔廟，在大成門旁的「下馬碑」前，他們一邊好奇地聽友人解說碑文，一邊拗口地學舌：「瘟（文）烏（武）官員、豬（軍）瞇（民）人等，ㄓ（至）ㄔ（此）瞎（下）馬……。」惹得一夥人哄堂大笑。

相較於外國人對古蹟的著迷，熱騰騰、香噴噴的小吃，顯然更能喚醒本地人的思古幽情。「虱目魚粥」、「台南肉圓」、「台南鱔魚炒麵」……，數不盡的美食分布在台二十線的沿線或周遭，吸引遊客不說，一些喜歡把老店歷史附會於城市發展的老闆，滿嘴的府城故事，更是讓人聽得津津有味。

古蹟多、小吃多、車多、人多，偏偏馬路狹小，這就是台二十線給人的最初印象。由此往東延伸，在抵達終點——台東縣海端鄉和關山鎮的交界前，離開台南市的同時，古蹟漸少，但緊鄰的新興工業城台南縣永康，不過四十平方公里的面積，卻擠了高達兩千八百多家的工廠。

為數眾多的工廠，雖非直接林立於台二十線的兩側，但大量就業機會帶來大量的移民，促使做為小鎮東西向主要幹道的台二十線，吸引各式各項商店應人潮而生的同時，千篇一律毫無二致的連鎖店招牌，也叫這裡的台二十線，反倒成了一條毫無特色的道路。

無論如何，一直到這裡，基於慣性，一般人不免以為，台二十線就是這麼一條熱熱鬧鬧的道路。

令人意外的是，就在喧囂的影像還殘留腦後之際，車行台二十線上，眼前的畫面，卻在不知不覺間，呈現巨幅的落差。隨著鋪陳於平原的路面，開始進入起伏的丘陵地，城市的氣氛漸淡、鄉村的味道漸濃，大約是介於台南縣的新化、山上、左鎮、玉井、南化與高雄縣甲仙鎮之間的道路兩側，景物也由原先櫛比鱗次的商店，變化為低矮的果園、叢生的灌木林；至於學者口中分布於當地的平埔族人，卻如空曠的道路一般，完全不見蹤跡。

不只如此，一路繼續往東，在進入山區時，同樣的變臉把戲，台二十線又玩了一次。這次，隨著海拔不斷攀高，這裡的台二十線路段，又被稱為「南橫公路」。在行政地理上，它開始進入高雄縣的六龜、桃源與台東縣的海端鄉；在地形上，雪山山脈、玉山山脈、中央山脈等海拔三千多公尺的山巒映入眼簾；在住民上，它更與平原地區的漢人、丘陵地帶的平埔族相異，而有超過百分之九十的人口，全是素有「高山守護者」之稱的布農族。

異質性高的橫貫公路

走過繁華的台南市、永康路段，原以為台二十線除了起點了得外，不過就是條全台隨處可見的道路？怎知一路東行，它不僅在地形、地貌上，呈現與縱貫道路單一特質截然不同的變化，就是在沿途的人文歷史上，不論或顯或隱，都基於台灣過往開發的軌跡，並陳著各自獨立、塊狀般的族群區隔。

平地、丘陵與高山，漢人、平埔與布農，異質性奇高的三個路段，在一九七二年時，終因台二十線的全線通車，而首次有了貫通。

當年，自從中部橫貫公路與北部橫貫公路相繼完成通車後，台灣的東西向交通雖稱大致底定，唯獨嘉南平原以南地區的居民若要趕赴東部、或是台東縣關山地區的民眾要到西部求職、探親時，總還是得花上一兩倍的時間，迂迴繞道枋寮、楓港與大武等地；當時的公路局，於是才決定在台南、高雄與台東三縣的崇山峻嶺間，另外開鑿一條新的橫貫公路。

然而，細究道路完成的始末，早在現代化的公路出現以前，這截然不同的路段，卻早已依照各自不同的需求，發展出不同的道路形式；包括在路段與路段的銜接上，也因不同族群間的相互貿易，而有了或頻繁、或疏淡的往來。

其中，除去深居山林的布農族，

【台二十線小檔案】

位　　置：起點位於台南市中山路口（湯德章紀念公園正前方），終點在台東縣關山鎮德高陸橋。

長　　度：總長202.696公里

工程紀要：台二十線之南橫公路段，由東西兩段分頭進行。西段於一九六八年開工，東段於一九六九年開工。均於一九七二年完工。

特　　色：全線橫貫平原、丘陵、高山等三種不同地形，在歷史上，分別主要是漢人、平埔族，與布農族人居住所在。南橫公路段以日治時興建的關山越嶺古道為基礎而興建，是著名的高山景觀公路。

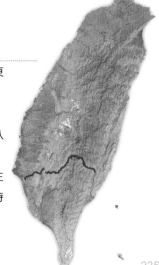

向來較少與平地有直接互動外，不管是漢人與平埔族，或平埔族與布農族，源於地緣關係，不僅接觸的時間極早，連帶地，也促使各種東西往來的小徑，透過貿易者的雙腳，逐漸踏踩出來。

如同前述，古蹟林立的台二十線起點，幾乎可說就是台灣歷史的縮影。然而這種說法，卻多少是以漢人的觀點做為論述的出發點。

在這個觀點下，台灣的「開發」自漢人移民來台始，而直至康熙、雍正兩代，只因為防漢番糾紛，清廷設下「棄地禁墾」政策，此舉，除導致清初開發的重心，都落在西部平原的南北軸線外，連帶地，也使道路的發展，多局限於以西部為主的南北縱貫道。

然而這樣的情形，在清末著名的「牡丹社事件」發生後，有了重大改變。一如大家對台灣史的了解，該事件爆發後，沈葆楨為求充實邊防，除了有開闢北、中、南三路之議外，更奏請朝廷，解除「棄地禁墾」的禁令。隨著這兩項政策的先後完成，台灣除了首度有了三條貫穿東西的官闢道路外，百年來漢人移民不准朝東進入丘陵、前往山林地區開墾的限制，也得到空前的解放。

一經禁令解除，許多漢人，果然就前仆後繼地冒險進入山區，從事提煉樟腦與雜貨買賣等生意；而根據中央研究院民族所葉春榮教授的說法，以東西向的台二十線為例，在禁令解除之前，當年接通台南縣市的道路，也即今天的中山路、北門路、開元路與中山南路等，別說是有所興建

了，就是連較具體的路基，也因沿途人煙稀少、又不時受到「番人」出草的威脅，始終未曾出現。但禁令解除後，不只嘉南平原東西向沿線人口漸多，兩端往來次數增加，到了一九〇四年，至少從台南市中西區往新化的路段，已清清楚楚地出現在日本人繪製的《台灣堡圖》中。

至於過去平埔族語稱為「大目降」（漢譯「山林之地」）的新化、以及再往東的道路，雖然在同一幅地圖中，只是一條由粗變細、顯示道路寬窄變化的虛線，但卻足以證實，一條由西向東、橫貫台南到高雄兩縣的固定小徑，已隱約出現。

湯姆生的驚異之旅

根據中研院民族所的葉春榮教授的說法，不管是就該區沿途的地形，或族群間貿易往來的情況，見諸十九世紀英國人湯姆生所著的《麻六甲、印度支那與中國間海峽：十年的海外旅居歷險記》（The Straits of Malacca, Indo-China and China; or, ten years' travels, adventures, and residence abroad）一書，都能多所印證。

公元一八七一年，年輕的攝影師湯姆生（John Thomson）在基督教長老教會馬雅各牧師的陪同下，展開了一場福爾摩沙的驚異之旅。此行，他一方面要與牧師造訪山區中的各個醫療站，另方面，也打算滿足其個人強烈的好奇心。

在馬雅各的帶領下，湯姆生與挑夫、嚮導等一行人，背著笨重的攝影器材，從台南的府城出發；他們先是經過舊名「拔馬」的左鎮、古稱「甲仙埔」的甲仙，然後往

⑳ 日治時期的台南大正通，即今日台二十線起點的台南市中山路，寬敞的林蔭大道，遍植美麗的鳳凰木，與現今商店林立的擁擠景象大異其趣(右上)。台二十線起點路標(右下)。

福爾摩沙之旅 由湯姆生所攝照片翻製成的版畫中，可以追索出當初他們一行人的路程，他們行經今天的左鎮、甲仙，沿荖濃溪往山區前進（上圖）。一路上他們遇見質樸的平埔族原住民（右圖），湯姆生並讚嘆他們的建築技術（下圖）。

PIERRE FRITEL

239

山區挺進。

根據湯姆生在書中的描述，當時的左鎮一帶，還是遍布竹林的地區。沿途風景雖然美，但樹林中不時出現的七呎大蛇、盤繞樹根手指般粗的蜈蚣，還有地上不知名的毒蟲，都讓他們嚇出一身冷汗。

及至到了甲仙，路途唯有更加艱險。山勢至此愈形陡峭，野徑兩旁鬆垮的土石，隨時都有可能掉落下來。走在楠梓仙溪和荖濃溪河床上，湯姆生沒有一刻是不提心吊膽的。

當年湯姆生所行經的路線，雖不盡與今天的台二十線完全相同，但從台南府城一路往東，朝左鎮、甲仙、六龜、荖濃的走向，兩者間的重疊度，卻超乎我們今天的想像。

只是對照湯姆生所拍攝的照片，今天的左鎮、甲仙一帶，竹林已被砍伐殆盡，突出的小山坡也被剷平；唯獨高低起伏的地勢，還有荖濃等溪的潺潺流水，仍與湯姆生當年所經歷的殊無二致。

然而湯姆生的所有照片與文字，其最大的價值，或許還是在此番旅程中，他對於平埔族的諸多紀錄：

「(這裡的)婦女髮色呈現深棕或全黑，從前額往後梳成髮髻，以紅布與線加以纏繞，穿過左耳後上方後再固定於後腦杓，居民多頭裹巾布。」

「有些樹根被搭成小廟，成為當地村民膜拜的對象。民眾多半選中老樹做為小廟的所在。」

「……他還展示先前從高山部落那邊獲得的樟腦原料、毛皮、野豬牙、樹藤與其他器具，代價則為他帶過去的玉珠、紅布、刀和火藥。」

在上述引文裡，湯姆生對平埔族的裝扮、信仰、生活和貿易，在在都有詳盡的紀錄。對照光緒末年的《安平縣雜記》：「生番輸出之貨，無乃鹿筋、鹿皮、鹿耳、鹿鞭、鹿肚石、鹿肚草、及山獸山豬、熊皮、生番布答加紋、硬桃葉席子、筐籃等件，則與四社番輸入之布匹、鍫(鐵)器、糖、酒、食鹽、豬等件，彼此互換交通，不用銀錢買賣。交易場，則在近於山麓之地。」除了能清楚看到平埔族人的生活梗概外，更可發現原先被視為嘉南平原的東陲之地，竟會是許多族群相互往來的貿易之處。

事實上，就在漢人紛紛進入丘陵地帶、

⑳ 甲仙地標──名產「芋頭」的大型雕塑(上圖)。興建於一六六五年的台南孔廟，開全台之先(右上)；緊鄰赤崁樓的文昌閣供奉魁星爺，吸引無數學子參拜(右下)。

往山區圖進的同時，當時生活在平原與山區間丘陵地帶的平埔人，也確實為了生活，一度擔當起三角貿易中，仲介者的這個角色。

根據劉還月所著的《尋訪台灣平埔族》一書，早在荷據時代，嘉南平原的平埔族人——即其支系西拉雅人，原本是居住於西部的濱海平原一帶。荷人來台後，平埔族人在他們的驅迫下，首度往平原的東側遷移；那之後，漢人跟著又大量來台，並在清末時大舉往山區拓墾，在墾地有限，且漢人擁有更強大的武力優勢下，流離顛沛的平埔族人，也只好再度往丘陵、山區轉進。

然而在今天，別說昔日的族群貿易之地已杳然無蹤，就連在那一次次貿易之中，扮演著仲介角色的平埔族人，大半時候，也淪為許多人口中「已然消失的民族」。

一如前述，隨著東西向的道路逐漸形成，漢人的勢力得以由平原往丘陵地帶擴張，於此同時，這也意謂著該地原本的住民——台南縣平埔族「西拉雅人」，生活領域受到嚴重的威脅。

車行台二十線上，若是按照文獻的記載，進入台南縣山上鄉的豐德村後，理當就進入了平埔族聚落的範圍。果不其然，新化以降，直到抵達甲仙之前，在道路兩旁，偶爾會見到一座座一、兩坪大的小廟，乍看下像是漢人的土地公廟，進一步仔細一看，才發現裡頭沒有福德正神，卻有造型各異的「壺」，供奉著平埔族人信奉的「阿立祖」。

不知道是不是地廣人稀的關係，好不容易找到幾戶人家，入眼所見的屋舍、入耳所聽的言語，都與一般閩南聚落無異。連續與幾位居民交談，雖說其中一、兩位年事已高的老婦，頭裏巾布的衣著形貌，就跟湯姆生書中的平埔影像無異，但問及他們是否就是平埔族人，只見年長者迂迴避答，年幼者搖頭說不知道。

回到台北，再度向中研院民族所的葉春榮教授求援，對於我的一無所獲，葉教授除了點頭表示理解外，也對這樣的現象感慨不已。

漢化說法的真實情況

「其實說平埔族『消失』，並非是一種正確的說法。」家就住在左鎮鄉、緊鄰台二十線路旁的葉教授，從小就和平埔族的鄰人混居。他表示，平埔族之所以「消失」，並不像一般人所說的，純粹只是因為漢化而已。

「在原、漢接觸的過程中，漢文化一直較具優勢；平埔族的老一輩生怕受到歧視，便極力掩飾自己的身分。如此一代傳一代，基於保護心理，有些父母親，乾脆不讓孩子知道自己的身世；久而久之，『平埔長期與漢人雜居，而被漢化』之說，竟遮蓋了更根本的因素。」

在今天的台二十線丘陵帶上，若按照葉教授所說，要判別誰是漢人、誰是平埔族人，其實並不難。除了聚落裡老人的裝扮、馬路旁的「壺祀」小廟外，日治時期留下來的戶籍資料，也是有力的佐證。

近幾年來，隨著原住民意識的抬頭，平埔族人也有過追根溯源、文化復振的行

⑳ 布農部落利稻村，剛採收完番茄的年輕農夫，捉著一尾蜥蜴逗著狗玩（右上）；到了假日，上教堂是他們最重要的活動，所有現實上的貧窮苦厄，全賴信仰給予撫平（右下）。

動；然而，或者真的是漢化已深，光憑一年一度靜態的「壺祀」文化，一不足以凝聚族人向心力，二不足以喚起其他族群的好奇、進而起而共襄盛舉，在台二十線上，收藏有台灣史前史的「左鎮菜寮化石館」、「甲仙化石博物館」等，要比平埔文化更為人知；山上鄉的破布子、玉井鄉的芒果、甲仙鄉的芋頭等農產品，則又比前兩者更吸引人。

一如台二十線的丘陵地帶，原是台灣造山運動過程中，淺山區地表上的皺褶，如今的平埔族，先後歷經荷據時期荷人的壓迫、清代漢人移民的土地侵奪，原本獨具特色的文化，也儼然就像深藏於皺褶之中，難以伸張。

的確，直至今日，很多人車行台二十線的丘陵地帶時，除了偶爾暫停一下，買個玉井芒果、吃個甲仙芋頭冰外，多數人，恐怕都選擇一路呼嘯而過。在他們的心中，不管是台二十線西端的台南市、中段的各丘陵鄉鎮，都遠不及台二十線的最東端，那風景秀麗、彷若世外桃源的「南橫公路」，才是他們心所嚮往處。

然而，今天大家視為世外桃源的南橫路段群山，過去它嚴峻的地形，卻是最佳的天然屏障。除了擅於高山縱走的布農族人，其五大社群中的「郡大社」一族，早在十七世紀前，便已從世居地玉山，先是遷移到南投縣的日月潭，後又穿越群峰，來到中央山脈外，連綿的崇山峻嶺，幾乎不見其他人蹤。

早年台二十線尚未形成前，除了少數住在高山與丘陵交界的布農族人，偶爾會與丘陵地帶的平埔族，以山產交換珠玉、布匹等物資外，多數時候，他們幾乎與世隔絕，與外界極少互動。

在那遙遠的年代，現代公路的概念，對他們而言是完全不存在的。所謂的道路，是祖先遷移的路線、是獵人追蹤獵物的小徑、是氏族間相互探訪的道路、更是婦女往返溪谷取水時，一步步歷歷分明的辛苦足跡。但隨著外在世界的變化，布農族的命運，也不得不與島嶼的其他部分，緊緊地相繫在一起。

滿清末年，台灣割讓給日本；日本政府對台的全面掌控，迫使原本是化外之民的布農族，就與其他族群一樣，紛紛起而反抗。剛開始，源於對山區地勢的了解，布農族取得了絕對的優勢。但隨著年深日久，當日本政府從今天高雄縣的六龜到台東縣的關山之間，興建了關鍵性的「關山越嶺道」——即日後南橫路段賴以開闢的基礎後，日人也成功地圍堵了抗日分子的去路。

「在今天，台二十線的東段，也就是我們南橫山區這裡，屬於那段長達十八年抗戰的遺跡，幾乎與在西段屬於漢人的古蹟一樣多。」余阿勇是台東海端利稻村利稻部落的頭目。今年近六十歲的他，來不及參與那場令人熱血沸騰的抗日行動，卻對於那一段歷史，自有深刻的感受。

余頭目以一種略帶玩笑、卻十分認真的語氣說，「除了100k左右的高雄縣桃源鄉市區、200k左右的台東縣海端鄉橋頭，分別立有布農族抗日英雄拉荷阿雷與拉馬達星星的塑像外，131k的中之關古道，是關

山越嶺道保留迄今，唯一最完整的路段；海拔七百多公尺的霧鹿部落，那座破舊的砲台，是日人將日俄戰爭中的戰利品，特別挪移來台，用以恫嚇布農族人的『道具』。而過去日警刻意選擇在各部落上方，監視部落的三十二所駐在所，如今，全只剩下斷壁殘垣。」

但循著南橫公路段，一一造訪過余頭目所說的那些地區，除了布農族烈士的英勇事蹟依然扣人心弦外，壯麗的山川群峰層疊，還是令人驀然興起，對於大自然的敬畏之心。

終年湖水碧綠的天池，其下的長春祠，祭祀的是為興建南橫時，因公殉職的工程人員。遍栽紅檜、雲杉及扁柏等常綠喬木的檜谷，彷彿森林浴場的清新舒暢，叫人流連忘返。

穿過做為高雄、台東兩縣交界的關山隧道，來到海拔兩千七百多公尺的埡口，滿載遊客的遊覽車才剛停下，興沖沖的遊客，不顧冷冽的寒風，便迫不急待地衝下車來，觀賞山谷翻滾的雲海。

至於在利稻、新武兩聚落間的岩盤，飽經新武呂溪不知道多少個晝夜的切割後，迴廊般壯闊的峽谷地形，氣勢之浩瀚雄壯，一點也不輸中橫公路的太魯閣。

高聳的山勢，讓南橫一帶的居民，僅能在梅山、摩天、利稻等聚落附近，利用有限耕地，栽植梅子、茶葉、高冷蔬菜、青椒、草莓等小型農業。而源於台灣林業早在一九七○年代初便已轉型，不再砍伐，除了山林景觀，當地幾乎一無所有。

但也正因豐富的山林資源，近年來，在相關單位規畫下，光是南橫路段沿線的森林，就分別隸屬於交通部觀光局的「茂林國家風景區」、「花東縱谷國家風景區」；玉山國家公園的「梅山遊客中心」、救國團的「梅山青年活動中心」、以及嘉義林務局的「向陽森林遊樂區」。

玉山國家公園管理處的處長陳玉釧，本是彰化線西的海口人，卻在來到山上後，離不開山裡的一切。陳處長說，一條南橫，由這麼多單位共有，除了是它的面積廣袤外，也顯示沿途的觀光資源，無疑是豐富無比的。

布農族人的困境

因其如此，從一九七三年便從平地移住到山區的歐建華夫婦，在台二十線約176k的利稻部落，一住便是三十多年。

當時，南橫雖已開通，但一百多公里長的路面，卻全是尚未鋪上柏油的石子險地。原是台北縣淡水人的歐建華，那時隨著公路局的包商，來到南橫進行第二波整修工作。在一次因緣際會中，認識了從高雄來南橫旅遊的妻子，兩人相戀後，也就決定住了下來。

「當時，所有的人都說我們瘋了。」在歐氏夫婦所開的雜貨店裡，臉龐淨白的歐太太，一看就知道是漢人。她說，不管是她或她先生的家人，幾乎從來不放棄要他們下山的念頭。

「他們老是勸說：『在平地，台灣經濟正起飛，要什麼工作沒有？』」歐太太回憶的同時，一個濃眉大眼的布農族小朋友，也進來替媽媽買小米酒。「可是下山要幹

⑳ 山上耕地有限，南橫附近農地的草莓栽種規模都不大(右上)。離關山埡口不遠處的南橫路段，常因地質脆弱而坍方(右下)。

嘛？也不過就是到公司或工廠上班吧！但在我們這邊，一方面是布農人沒有心機，很好相處；另方面，那時救國團在這裡設了一個『利稻山莊』，三天兩頭，就有好幾輛遊覽車在這裡停靠；如果一車載個五、六十個人，一天二、三十輛車，光是賣飲料，就夠我數不完鈔票。」

為了山上的生活要比山下優渥，歐氏夫婦堅持留下。問題是，不管是近年來因應森林遊樂區的設置，而來到山上開設的觀光飯店，或是像歐氏夫婦這樣個人的小店，仔細觀察，率皆是由平地人所開設，鮮少有當地的布農族人，經濟情況有因此而獲得直接改善的。

「其實說政府都沒有介入，也不公平，」任職於梅山遊客中心的阿賴，持平敘述他所看到的，「過去幾年，觀光局在利稻和霧鹿，都協助過民宿村的成立，只是……」阿賴搖搖頭，在遊客中心客房部工作的他，最知道旅館如何運作，「他們總是給了錢後，便以為做完所有該做的事，結果缺乏輔導下的民宿，不是變成廢墟，就是沒有吸引遊客的配套措施，弄到最後，至少有半數，都成了養蚊子的地方。」

對於這種現象，沒錢、沒物資、又缺乏共識的布農族人，在缺少資訊與外界奧援的情況下，幾乎拿不出什麼辦法。唯獨少數的布農族知識分子，面對現代化的衝擊，卻依然不為所動，先後試圖從教育文化著手。

其中，從不放棄對母語教育堅持的，有霧鹿部落的胡金娘；一頭鑽進部落神話起源編纂的，是甫溘然長逝的余錦虎。至於

從台北藝術學院畢業後，毅然重返故鄉初來部落的馬田，與其他同樣關心部落事務的青年一樣，除了致力於聚落影像的收集，耗時兩年、歷經許多族人不解眼光與訕笑才完成《記憶種植——初來部落的影像集》外，針對平地人悄悄將山區資源挪為己用的情況，他也有自己的看法。

「市場的自由競爭精神，應該獲得尊重，但政府適時地扶一把，也絕對是必要的。」馬田以布農族最負盛名的文化資產——「祈禱小米豐收歌」為例，他指出，歷經日治與國民政府等一連串政治力量的改造後，源於族人無法再種植傳統的農作小米、以及無法再狩獵，連帶地，過去在這些活動下所發展出的布農文化，也面臨了崩解潰散的命運。

布農語為Pasi but but的「八部合音」，這個奠基於布農族人為了祈禱作物豐收，而發展出來的獨特音樂，幾世紀以來，催熟著高山上的粒穗纍纍，在崇山峻嶺中，不知道傳唱了有多久。但自從日本人以「集團移住」、國民政府以「山地平地化」等政策，先後威脅利誘布農族移居低海拔地區，強迫他們在平地改種水稻，沒了小米的祈禱小米豐收歌，也隨之黯然瘖啞。

一九五二年間，日本學者黑澤隆朝在一次田野採集中，聽見台東縣海端鄉崁頂部落的族人，合唱Pasi but but，驚為天籟之餘，立刻將其複雜優美、半音式的和聲收錄後，交付聯合國教科文組織，隨即引起各界的震驚。

「可是那又如何？自從傳統吟唱的舞台不再，現在能聽到Pasi but but的地方，多半

（20）為感念闢路先賢的犧牲奉獻，公路局特在天池設置長青祠以供往來遊客悼念(右上)。台二十線南橫公路段約133k的路旁，民眾以香火憑弔當年因公殉職的工程人員(右下)。

屬於表演的性質，屬於它的時空與意義已不復在，身為族人後代，也只能在舊資料中想像當時的輪廓。」馬田說。

儘管如此，至於觀光對部落的影響，馬田卻也不盡以負面看待。在市場經濟運作蓬勃的台北待過好幾年的他，深知透過觀光，發揚部落文化的同時，只要東西夠精緻，受到外人的肯定後，族人反倒會回過頭來，珍惜自己的文化。

寄予道路更高的期待

至於如何由族人自己，利用自己的土地，創造永續經營的利潤，馬田則提出，或許繼寶來與碧山兩處溫泉後，在新武與初來兩部落間的新武呂溪，豐沛的溫泉礦，或許可為地方帶來新契機。

「不過，這開發過程，政府非介入監督不可，否則弄成烏來或東埔溫泉那般的凌亂擁擠，屆時，溫泉鄉成立的時候，可能也是部落毀滅的時候。」

站在靠近海端、關山交界的初來部落村外，不遠處的新武呂溪，一路順著中央山脈隨海拔遞降而奔流，終於在這裡抵達花東縱谷，同時也來到台二十線的盡頭。望著河床旁的河階台地上，一大片漠漠水田映著天光，馬田和其他族人所撒下的種子，誠然只是星星點點、零碎散落，但種子，畢竟帶著發芽的希望。

從東端返回西端的路上，海拔陡升後又次第陡降。重回曠野般的丘陵地帶，再穿過車水馬龍的台南縣永康，回到台南市中西區，城市嘈雜、擁擠、忙碌的景象，這次反過來使得幾個小時前與世無爭的山區，猶如成了另一場夢境。

「我們這家擔仔麵，已經營有四十年了。」在孔廟對面的一家小吃店坐下，再一次，店裡的老闆，就像台南其他小店一樣，按例強調「時間」的分量以和城市共榮耀。台南的歷史，如今已成為台南人最大的驕傲；每一處古蹟除了自身的故事外，個人的情感，也賦予城市更多血肉。

同樣的，在道路的另一端，余金虎、胡金娘與馬田等，還有更多布農族人，他們的心情又何嘗不是一樣？中央山脈的崇山峻嶺，就是他們的古蹟、他們的驕傲，儘管失去獵槍，但藉由文化上的自覺，布農族的未來，還是如沙中金，隱隱發光。

看西端生氣勃勃、看東端追尋自我，就剩中間的丘陵平埔一段，仍有使不上力氣的徬徨。

據許多台二十線沿線的居民說，其實台二十線雖貫穿南台灣的東西兩部，但大多時候，他們要往東或往西，通常還是繞道海拔較低、路況比較好的南迴公路或鐵路，台二十線，反倒成了多數想到南橫旅行的人，選擇的高山休閒道路。

所以，若說在休閒之外，台二十線的貫通，還具有任何意義的話，那或許是，除了高山路段的居民，自此無論病患就醫、學童上學、甚至產婦生子，都比過去更為方便外，如果它同時也能引領更多的人，對於丘陵地段平埔文化的重視、山區路段布農族人生活困境的關切，那麼，一條道路打通的，便不只是地形上的障礙，而是人與人、族群與族群之間，更為崇高的精神匯通。

---

(20) 由濃蔭高處往下俯瞰，行車迤邐而過台二十線南橫公路。道路的開發，除了帶來遊客外，期待也能引起更多人對當地居民的關懷。

【台二十線上的化石寶藏】

台二十線所經的台南縣左鎮鄉，是台灣史前人類左鎮人被發現的地方。左鎮人屬於舊石器時代晚期的現代人種（Homo sapiens sapiens），其頭骨化石經過氟和錳計量的測定後，推測約有二萬至三萬年之久，表示至遲在距今二萬至三萬年以前，台灣島上就已經開始有人類居住。台灣最早的史前文化──「長濱文化」，可能就是左鎮人的文化。

左鎮人的第一片化石發現於一九七一年的冬天，由古生物化石的業餘收藏家郭德鈴，在左鎮鄉境內的菜寮溪臭堀河谷地層所找到。

一九七二年，台灣大學考古人類學系宋文薰教授、地質系林朝棨教授，與原台灣省立博物館劉衍館長等一行人，一同到菜寮溪發掘古生物化石。他們並順道參觀郭德鈴的化石收藏品。在很偶然的機會中，宋文薰發現這些收藏品中有一塊疑其為人類頭骨的化石。該片化石，後來由日本古生物學家鹿間時夫帶回日本做鑑定，並認為這是一塊距今一萬年到三萬年的人類頭骨右頂骨殘片化石。

截至目前為止，在菜寮溪河床出土的左鎮人化石總共有九片，其中有七塊是頭骨殘片，另外兩個則是大臼齒。每件化石都代表單一的個體。

國立台灣博物館存有其中的三件，一件是男人的右頂骨殘片，一件是具有強壯顳肌的成年人左頂骨殘片，另一件也是一個成年人的右頂骨殘片。這三個人都是屬於同一群及同一時代的人類。

至於兩個臼齒的齒冠，比現代人的要大一點，從臼齒化石的情形來看，可能是兩萬年前至三萬年前間的人類，分別屬於一男一女的遺骨。

除了左鎮人之外，前前後後在菜寮溪上發現的化石，還包括有古鹿、犀牛、鱷魚、扇貝、塔螺、海膽等，囊括了海底與陸地上的動物。

根據中研院民族所博物館館主任葉春榮的研究，最早發現菜寮溪上化石的，應該是日治時期，台北帝國大學地質系的教授早坂一郎。

一九三一年秋天，早坂一郎來到左鎮，由左鎮公校的校長瀨戶口盛重，帶領他到菜寮溪探勘化石分布的情況。

最初，他們只發現了三、四個鹿角化石，後來，他們一同前往菜寮保甲事務所休息時，那在裡遇到當保甲書記的台灣人陳春木，經由早坂一郎的解釋，說明菜寮溪蘊藏豐富的化石後，陳春木不但陪同撿拾，同時也展開了他後半輩子與化石的不解之緣。

陳春木對化石的了解及貢獻，使得陳春木獲得「化石活字典」、「化石爺爺」美名。 他對化石採擷以及努力的成果，獲得日本化石界肯定，並於一九六四年受邀至日本參加學術研討會，卻被政府以學歷不足為由，未核准他出國。一直到二○○二年，陳春木過世之前，這件事都是他心中的遺憾。

（整理/陳世慧）

⑳ 一九六○年六月，陳春木坐在門檻上整理化石，人稱「化石爺爺」的他，對左鎮出土的化石瞭若指掌，貢獻卓著(右上)。「左鎮菜寮化石館」的化石收藏(右下)。

荖濃溪

南部橫貫公路台二十線沿荖濃溪谷上行，終至翻越重重關山，
而在下游的嶺口，荖濃溪與旗山溪匯為高屏溪。河流、省道與城市的故事繼續流淌……

高雄縣六龜鄉寶來村 23°6′46″N 120°41′32″E/1219m

蜿蜒流過高雄縣寶來鄉的荖濃溪，在此形成極富力度的「曲流」。荖濃溪與旗山溪，二者共同形成台灣河川流域面積及水量第一的高屏溪。

源自玉山東峰及秀姑巒山的荖濃溪，
溪水一路蜿蜒往西南流淌，經過高
雄縣境梅山、桃源、寶來、荖濃及六龜等
重要的農鄉；其間並有南部橫貫公路（省道
台二十線）沿溪谷而行；最後在旗山鎮的嶺
口（南勝里）附近，與發源自玉山山麓的旗
山溪（楠梓仙溪）會合，往下即稱高屏溪。

　　高屏溪流域面積居全國之冠，為南部第
一大河，更是高屏地區民生、工業及農業
用水的主要來源。作為形成高屏溪的雙子
河之一，流路與旗山溪平行的荖濃溪，在
尚未與前者合流成為高屏溪之前，早已是
條長一百三十七公里、流域面積達一千三
百七十三平方公里的南部重要河川。

　　荖濃溪除了供應一般用水，也大量補注
中、下游的地下水，使得高屏溪流域成為
全國地下水蘊藏最為豐富的區域；荖濃溪
挾帶的砂石，陸續在中、下游平緩地帶沉
澱，間接減緩了河床的切割與海岸線退
縮，並能防止海水入侵，保護沿海土地免
於下陷及土壤鹹化的危機。此外，荖濃溪
的水力尚能提供高屏發電廠（六龜電廠及竹
門電廠合稱）發電之用。

　　豐富的水利資源，提供政府解決南台灣
水荒問題新方向——曾文水庫越域引水工
程，預計於荖濃溪興築攔河堰，以便將荖

六龜大橋
22°59′51″N 120°37′56″E/366m
橫跨荖濃溪的六龜大橋，不僅連結六龜鄉義
寶、中興二村，更是高雄縣市通往南橫公路
的必經要道。擁有豐富水資源的荖濃溪，也
是國內知名泛舟活動河川，荖濃溪泛舟依水
域分上、下兩河段，下段由六龜村至新威
村，即是以六龜大橋為起點。

濃溪豐水時期餘水引至曾文水庫備用，屆時將有效紓解南部地區供水問題。然而，這項公部門以為立意良善，且已進行中的工程，在當地鄉親及學者眼中，卻面臨不同解讀。

在地的環保團體指出，越域引水工程預定以開鑿山脈的方式，將荖濃溪水藉由十多公里長的「隧道」引至曾文水庫；但因當地的地質脆弱，開鑿隧道自有其風險，並可能因此破壞萬年水脈。學者更認為，設置攔河堰的作法，無疑使得荖濃溪橫遭截斷；而荖濃溪原本具有的功能，恐將因此大打折扣，甚至一去不返。

在雙方各執己見時，工程依舊照表進行。但實際上，早在人為影響可能引致河川將來斷頭之虞，大自然已提前搬演真實的「斷頭記」戲碼──撼動台灣地脈的九二一大地震，使得與荖濃溪隔山比鄰的陳有蘭溪，將提前越過金門峒斷崖面的分水嶺，向荖濃溪展開「河川襲奪」攻勢；一旦完成襲奪，荖濃溪將「斷頭」成為陳有蘭溪源頭的支流。屆時會產生何種影響，亟待觀察。

作為攸關南部重要水資的源流之一，未來，改變荖濃溪命運的首役，將是由人類抑或大地率先發動？值得留意。

荖濃溪與旗山溪合流
22°46′45″N 120°26′54″E／2134m

在高雄縣旗山鎮的嶺口附近，荖濃溪(左)與旗山溪(右)合流後稱為高屏溪。一般所謂的高屏溪，是指主要源頭之荖濃、旗山二溪，及其他支流所構成之廣大流域。全長一百七十一公里的高屏溪，是台灣流域面積最大、也是水量最大的河川。

南部濱海公路台二十六線 ㉖
未竟的海岸線

恆春半島的熱帶海岸林原為陸蟹棲地

濱海公路修築後，陸蟹得冒險穿越道路至海邊產卵

做為台灣環島公路網唯一的缺口

未完工的台二十六線，標示著台灣最後一段純淨海岸

因為蜿蜒於恆春半島上，台二十六線，遂成了國境之南，最邊陲的道路。然而道路雖遠，其所環繞的半島在台灣的開發史上，卻占有關鍵性的地位。

公元一八七四年，牡丹社事件，是台灣歷史上的一大轉折。在此之前，半島的沿海因暗礁四伏，常有船難發生，除了美籍商船羅妹號（Rover），在鵝鑾鼻西南方的七星嶼附近觸礁沉沒，船長韓特（Hunt）夫婦與其他水手逃生時同遭原住民襲擊外，其後類似的事件雖屢有發生，卻未曾釀成國際事件。

但直到琉球島民因遇颱風漂流至瑯嶠八瑤灣，倖存的六十六人誤入牡丹社，遭牡丹與高士佛兩社的排灣族殺害；以懲兇為由，日方自車城登陸、出兵牡丹，殲滅排

灣族人上百，史家稱之為「牡丹社事件」的戰役，才成了眾所矚目的公案。

在今天，此役中所有的歷史現場，幾乎都為台二十六線所行經的路線環繞。除了戰役最激烈的石門古戰場，位在車城鄉與牡丹鄉之間編號199的縣道上外，琉球島民漂流所至的八瑤灣，是今天滿州鄉的九棚海岸；瑯嶠即今日的恆春。

此一事件發生後，在英、美兩國的介入斡旋下，清廷以五十萬兩的賠償金換取和平。而在船政大臣沈葆楨的力陳下，清廷察覺日本侵台的野心，更一改先前的消極態度，終於願意著手一連串充實邊防的積極作為。

其中，對南台灣而言，最重要的兩項政策，莫過於是興建恆春城和開闢北、中、南三路中的南路。前者促使南台灣的邊防有了重心，後者則貫通了南台灣東、西兩岸的交通。回溯這段歷史，今天猶存於台二十六線30k左右的恆春南門古城，是當年牡丹社事件留下的直接物證；至於南路，即著名的瑯嶠卑南古道，以荷蘭時期的採金路為基礎的它，以恆春為起點，跨越滿州與牡丹兩鄉後，大約抵達今天的台東市一帶。

但對照今日的地圖，與其說它是台二十六線的前身，倒不如說它與半島上另一條東西向的200號縣道要更吻合。這種情形，除了源於古道的開闢，是為了打通通往東部的道路、戍守後山門戶外，也為了當年的恆春半島上，一直都活躍著有馘首習俗的排灣部落，以致於恆春以南的地區，向來少有人行，連帶地，道路的開發也就不若恆春以北來得普遍。

儘管如此，半島西部沿海的道路，雖在

㉖ 從台北下來的高中生，在恆春鎮西郊的關山，留下此行最美的暮色。

恆春建城以前，因「山害」嚴重，始終以恆春縱谷為中心，路線一會兒偏西一會兒偏東，但隨著古道與恆春城的建設大致底定，越來越多的清兵南來駐守，道路的走向，也越形穩定。

與此同時，在治安同獲保障的情況下，恆春以南經墾丁直至鵝鑾鼻，也開始有了足堪行走的小徑。惟到了鵝鑾鼻往東轉北的一小塊地區——這比國境之南更要荒蕪的海角天涯，源於漢人極少在此活動，有的，也只是原始的鳥道、獸蹊，或原住民們一步步踏出來的獵徑。

於是，彷彿是一種宿命，同樣的情況，即使事隔百千年，似乎也沒有太大改變。做為台灣環島公路中最南端的一段，當北濱公路台二線、西濱公路台十七線、以及東濱公路台十一線等，分別在七〇年代便陸續完工，唯有台二十六線不但本身斷了好幾截，也讓許多工程人員夢想中的環島公路，留下了一段不短的缺口。

環島公路唯一缺口

車行恆春半島上，環繞半島的台二十六線公路像一只籃框的主框架，起訖點分別聯絡半島東西兩側，而199(車城到牡丹)、200(恆春到滿州)號兩條縣道，則是交織的橫向細籃網。

循著台二十六線，從起點楓港開始，經過狹長的枋山鄉、山城獅子鄉，來到以四重溪溫泉聞名的車城，在台二十六線約10k左右處，便見山勢崢嶸、斗笠狀的尖山兀立於前，昭告著道路已然進入國家公園的界內。

自此，先是日治時期曾為捕鯨場、舊稱「大板埒」的南灣，潔白柔細的沙灘映入眼簾；墾丁森林遊樂區內的熱帶植物園，遍布隆起的珊瑚礁岩；西部台灣海峽的浪、東部太平洋的潮，在南灣遭遇後，交會融合於巴士海峽；又高聳的中央山脈貫穿了大半的島嶼後，終於像魚的尾鰭一樣，在此邊降至海拔四、五百公尺以下，沒入浩瀚的海洋。

大王椰子、瓊崖海棠、大葉山欖、月橘、銀合歡、林投與木麻黃，在台二十六線上，不管是最初的枋山、獅子鄉路段，或是國家公園境內，琳瑯滿目的植物群落，直叫人眼花撩亂；風吹沙、九棚海岸、旭海大草原、龍坑生態保護區裡的崩崖與珊瑚群礁，獨特多元的地質、地貌，更讓台二十六線較之性質雷同的北濱公路台二線，公里數雖較短，腹地卻更廣，生態樣貌更多元。

【台二十六線小檔案】

位　　置：起點屏東縣枋山鄉楓港，與台1線相連，終點台東縣達仁鄉安朔。

長　　度：公路局規畫全長共計91.711公里，但終點標誌尚未安置。

工程紀要：起點楓港至佳樂水(第一段)、港仔至旭海(第二段)、下南田至終點安朔(第三段)，此三段路可通行車輛，但彼此並不連接，所以全線目前尚處於未完全通車狀態。其中，旭海至安朔段經環評後，已於二〇〇六年三月開始動工，這段總長十二公里的新闢路段，為舊時「瑯𤩝卑南古道」中的「阿朗伊古道」，由於其為台灣唯一的沿海古道與僅存的天然海岸線，開工前後，皆引起極大爭議。

造化的奧妙，造就了台二十六線沿線、特別是墾丁國家公園內的處處驚奇。曾經是歷史上血腥的殺戮戰場，如今卻源於同樣的險與奇，成了全台灣獨一無二的優美勝地。

根據墾丁國家公園管理處（簡稱墾管處）的統計，每年衝著墾丁的熱帶風情、循台二十六線風塵僕僕而來的中外遊客，總計達五百至六百萬人之多。

在南灣、小灣、香蕉灣，只要有沙灘的地方，就可見身著鮮豔泳裝、披著大浴袍的年輕男女，大搖大擺地招搖而過；載有沖浪板的休旅車，呼嘯而過不說，敞開的車窗，總流洩著震耳欲聾的音樂。

至於每年暑假、或是四月初流行音樂祭「春天吶喊」舉行的時候，就會人滿為患的墾丁大街，分明是堂堂的省道一段，但遊客和攤販，卻像給陽光與海浪催眠了似地，聯手占據了四線道的路面。

而櫛比鱗次的民宿，自從一九八三年，台二十六線從楓港到鵝鑾鼻的路段，以既有的「屏鵝公路」為基礎加以拓寬後，幾家大財團陸續進駐，也引發當地人自己經營的民宿，如雨後春筍般，一家接著一家地冒出來。

國防軍事據點所在

然而，或許就是因為半島如此野性、澎湃，椰林、沙灘令人流連忘返，一般人循台二十六線環半島而行時，很少會想到，為什麼好端端的一條路，走著走著，到了佳樂水就忽然中斷？不然，就是非得轉道200號縣道，才能完成半島的繞行？

有一說是，源於歷史的流風所及，或是恆春半島先天的地理條件，除了讓它具備有成立國家公園的條件外，低矮卻茂密的森林，也是極佳的國防軍事據點。

以車城為例，這個和半島上其他中央山脈餘脈以西的地區一樣，向為落山風所苦的小鄉，除了過去的四重溪溫泉、現在的國立海洋生物博物館外，大概就屬耐風的農作物洋蔥最為人知。然而，就在車城唯一的主幹道，即台二十六線上滿是賣洋蔥與紅仁鴨蛋的招牌，鮮為人知的卻是，人口一萬出頭、面積不過四十九點九平方公里左右的車城，竟有高達十分之二的面積，都是國防部的聯訓基地。

「他們每年都要舉辦數十場的實彈演習。畫著迷彩妝的軍用吉普車，在馬路上來來回回地走的景象，對我們來說，早就是家常便飯。」挨著台二十六線旁賣早餐的陳美貞，娘家住在聯訓基地所在的山區附近。她說，每逢軍方演習，道路得封鎖，人車無法通行，就連農事，也得硬生生地暫時擱下來。

「不過，他們也不是一點貢獻都沒有啦。」時針指向十二點，陳美貞開始著手收拾早餐店裡的東西準備打烊。雖然過了農忙季節，但洋蔥田裡還是有些活兒要幹。「每逢三到四月，洋蔥收成的季節，一些阿兵哥們，都會自動自發地，到我們的田裡幫忙收割。」陳美貞說。

關於黃土飛揚的山頭停著坦克車、砲台的特有景觀，在台二十六線的西側路段，往往還得透過更小的縣道、鄉道，才容易在山區見到。但如果開車到半島東側的滿

州鄉與牡丹鄉，其中分別隸屬兩鄉的港仔村到旭海村沿海路段，屬於國防軍事的設施，就不難遇見了。

關於滿州，這個由原住民、客家與閩南人等族群組成的小鄉鎮，最早是瑯嶠十八社社王居住的所在。當第一個客家人向社王租地開墾而遷居部落後，早先被原住民丟棄屍體而稱為「臭氣」（Manuntsuru）的地方，在日本統治台灣後，被改為日文發音的「Maunshiyu」，這也是後來鄉名「滿州」的由來。

不似墾丁的喧囂，瓊麻產量占全台百分之七十的它，近二十年來，雖因瓊麻產業的沒落，農業與工業雙雙失去支柱，只能依靠佳樂水的觀光收入維持；但車行滿州鄉上，但見廣袤無垠的草原上，三三兩兩的牛群低頭吃草，歇息在牛背上的白鷺鷥停了又飛，恬淡自得的農村景觀，就如同畫一般。

至於牡丹鄉，這個台灣最南端的原住民鄉，就是歷史上赫赫有名的牡丹社所在。全村都是排灣族人的它，雖有牡丹水庫與石門古戰場兩個景點，還有199號縣道走到底的旭海大草原，但只因位在水源地，牡丹鄉空有大片山林卻無法開墾，鄉人無奈之餘，只有紛紛外出謀生。

就在兩鄉之間，介於港仔村到旭海村的沿線路段，即是路況複雜的台二十六線除了西岸路段外，唯一的另一段完整道路。只是遠不及西岸路段的寬敞，這一路段，寬僅四到五公尺，右側是一望無際的太平洋，左側是海拔一至三百公尺的山坡，錯落起伏之中，果見一些漆成黃綠或草綠色、一到三層的平房，坐落於其間。

據家住牡丹、人在台東海端鄉公所工作，只有例假日才回家的宋麗玲說，這些建築有的是海軍軍營，有的是陸軍駐防部隊；但因國防部向來以軍事機密為由，保密到家，即使是當地居民，也搞不清楚這些建築物，真正的用途是什麼？

唯一能確定的是，就在港仔往南，也就是台二十六線起點楓港與終點台東縣達仁鄉之間，兩段迄今尚未有道路的路段之一，差不多也就在旭海大草原的不遠處，便是海軍的飛彈試射基地。

「聽說試射的方向，通常是由停泊在海面上的艦艇，從海上朝山區裡發射。」宋麗玲吐吐舌頭表示，她打小就希望能親眼看看飛彈是怎麼飛的，「可惜這一段的台二十六線，始終沒能打通；連路都沒有，又哪有機會到那兒參觀呢？」

海岸林的破壞

在地人的生活經驗，提供了最直接的觀察。但透過墾管處處長施錦芳口裡，我們卻知道，路之所以未竟，還有另一個不為人知的理由。

一九七一年左右，台二十六線規畫之初，最早期待中的完美路線，是沿著恆春半島的海岸線將道路一氣呵成。但隨著楓港至佳樂水段的工程首先完工，墾丁國家公園隨之成立，擔心道路的開挖將嚴重破壞與佳樂水為鄰的「南仁山保護區」，在墾管處的堅持之下，公路局只好放棄既有的計畫。

「道路對環境的破壞，是無庸置疑的。」

⑳ 陸軍八軍團在車城實施「天雷操演」，重砲擊發剎那，噴出火花及煙硝(右上)。佳樂水往北不遠處，海巡署的溪子口機動巡邏站，值勤人員以望遠鏡眺望海面(右下)。

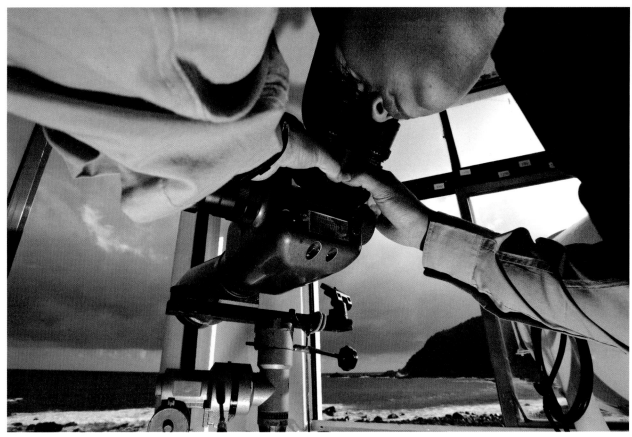

26 夕陽下，墾丁南灣的遊客或戲水、或馳騁水上摩托車，背後不遠處即是核三廠。為降低對附近海域珊瑚生態的影響，台電近年來花費鉅資改善排水設備。

(攝影/劉漢文)

在墾管處的會客室裡，施處長指著墾丁國家公園巨幅的地圖，以台二十六線上國家公園境內的香蕉灣段為例，說明道路開發對於生態的影響。她表示，恆春半島早年由鵝鑾鼻至墾丁地區的海岸地帶，擁有茂密的熱帶林木，是台灣最完整的海岸林。但自從一九五〇年代左右，該路段先是為了種植瓊麻，熱帶林木廣遭砍伐外，台二十六線動工後，原來長十公里的海岸線，更只剩下香蕉灣至船帆石之間一點五公里的林相。

「但更糟糕的還是，原本一片鬱鬱蒼蒼的海岸林，從那時起也被道路從中截成兩半。」施處長攤開墾管處出版的《墾丁植物群落》一書，繼續解釋著海岸林遭破壞的後遺症。「除了熱帶林木大量減少外，原本住在海岸林內，以陸地為主要生活範圍的陸蟹，從此一遇到產卵的季節，也得由道路的一側，冒著生命的危險，趁著夜晚橫越馬路到海岸的那一邊，才能完成傳宗接代的大事。」

施處長苦笑說，問題是陸蟹既看不懂紅綠燈也不知道要過斑馬線，以致於儘管公路局在各方要求下，近年來在道路的兩旁豎立有黃底黑字的「注意陸蟹」的標誌，但在駕駛者的疏忽下，陸蟹橫屍路面，一屍多命的情況，還是時有所見。

事實上，除了施處長所說的香蕉灣外，在台二十六線約52k的林業試驗所附近，沿著大馬路只要低頭找找，也不難發現許多死得不明所以的蟹屍。關於這一點，負責所有高雄縣市以南的公路工程單位——公路局第三區養護工程處表示，除了設置警告標誌外，他們也一直有籌建「生態廊道」的計畫，只是礙於經費的問題，目前只能暫緩進行。

永恆的拉鋸——開發與保育

然而，公路局雖因預算之故，擱置生態廊道的興建，但對於需要更多經費的台二十六線爭議路段，也就是南仁保護區之外，環恆春半島沿海，另一段唯一不曾有過公路的旭海、南田路段，工程單位卻從二〇〇六年三月起開始整地。更重要的是，源於這段道路，既是台灣唯一的濱海古道，也是全台灣最後一段未曾被破壞的天然海岸線，一場生態保育與開發間的爭議，遂不可避免地迭起於環保團體、地方人士，與施工單位之間。

二〇〇六年五月，就在恆春半島台二十六線的西側路段，落山風逐漸平息，遊人開始奔向墾丁的山巔、海湄時，在一向平靜的東側海岸邊，卻出現了一個極不平靜的畫面：

環保人士頭綁抗議頭巾，在公路局施工的現場，面對至少有一半的海岸林植被遭怪手剷除，取而代之的是灰撲撲的砂石鋪滿路基，痛心之餘，不禁直指現場的工作人員，根本就是生態殺手。

「怎麼我們以前造橋鋪路是功德，現在就成了『殺手』了呢？」在那之後，當記者走訪位在屏東縣潮州鄉的第三區養護工程處辦公室時，只見處長許阿明先是稍有戒心地詢問來意，一經坐定，卻又嘆了好長的一口氣。

從基層做起的許阿明，在長達三十多年

恆春風吹沙附近的草原，牛群怡然徘徊，前此，這裡全種滿瓊麻(右上)。近台二十六線終點的安朔溪口，幾位排灣族築路工人，正進行橋梁工程(右下)。

270　南部濱海公路台二十六線

的工程生涯中，曾經參與過包括南橫在內等工程無數；過去，偏遠地區一旦耳聞有開路的消息，總是夾道歡迎，甚至還會在過程中幫忙燒飯洗衣，但今天，隨著生態意識的興起、環保人士的抗爭，昔日的築路英雄，卻成了狗熊。

「關於台二十六線，說真的，並不是說基於工程單位的本位主義，我們非得完成『環島公路網』的夢想不可。」就著偌大的第三區養護工程範圍圖，許處長一會兒指著圖上紅色的虛線、一會兒指著實線，說明台二十六線複雜的施工始末。

「可是就像大家知道的，因為墾管處的要求，我們已經放棄了南仁山保護區的路段，包括港仔到旭海的既有路線，也因環評未能通過，不再有拓寬的打算。」身為當代社會的一分子，體會到時代的脈動，許阿明並非沒有意識到外界的大環境，已從過去的「人定勝天」，步向「與自然和諧相處」的階段。

因其如此，這些年來，不只是他或公路局的其他單位，包含高工局、國工局等機關，在歷經雪山隧道、蘇花公路等一次又一次的爭議後，都已逐漸學習將自身的角色，由開路先鋒轉為環保的先行者。特別是對公路局來說，台灣的公路網已堪稱完備，未來除了對於現有的道路加以維護外，基於減少對環境破壞的理由，如果能不開挖新的道路，就儘量不要開挖。

雖然許阿明為順應環保團體的要求，放棄了上述的兩個路段，但對於剩下來的南田、旭海段，基於屏東、台東兩地地方人士的要求，在強大的壓力之下，第三區養護工程處，還是別無選擇。

「最重要的還是，這段道路，其實已經通過了環評。」許阿明最後補充。然而就這點而言，環保團體卻表示，在二〇〇六年三月的那場抗議中，由屏東縣教師會生態教育中心、台灣環保聯盟屏東分會、藍色東港溪保育協會、屏東野鳥學會等環保團體所組成的聯盟，曾提出該路段雖已通過環評，但通過時間早已超過十年，所以按照規定，公路局若要動工，就理應再將全案交由環評會，進行十年中環境變化的差異分析。但公路局不僅無視於此，還拿民意當藉口試圖闖關，這就讓環保團體感到公路局所謂的誠意，全是虛晃一招。

難解的三角習題

儘管如此，在這道難解的三角習題中，地方上要求開闢道路的呼聲，確實未曾中斷。一方面，台東縣的地方人士自過去以來，便一直期待台二十六線的貫通，能夠將屏東的墾丁國家公園、與台東的知本溫泉，兩個觀光圈串連起來，好讓彼此間的遊客互通有無。此外，新路段沿線的居民，不管是屏東的滿州鄉、牡丹鄉、或台東達仁鄉的鄉民，關於「想不想蓋馬路」的議題，大家幾乎都不用思索，便異口同聲地說：「要！」

牡丹鄉牡丹村的謝明耀，是前述宋麗玲的丈夫。訪問他的當天，村裡正值有人結婚，謝明耀夫婦熱情地邀請我一起赴宴，順道體會排灣族人的婚禮習俗。席間，就在賓客一個個輪番拿著麥克風，到臨時搭起的台上高歌時，震耳欲聾的歌聲中，謝

26 屏東海洋生物博物館內，遊客欣喜地穿梭在一百五十萬加侖的巨型人造海洋中；海生館希望參觀者都能以學習的心態，跟隨著魚群進入海洋。

明耀也拉大嗓門對我說：「以前在199縣道還沒蓋好的時候，村子裡娶新娘，新郎從走到新娘家、再到把新娘背回夫家，這過程要花上大半天。但有了199縣道以後，娶新娘不用再那麼費事，也不用再那麼花力氣。」

謝明耀說著說著，連自己都笑了，跟著他和宋麗玲都說，所以南田、旭海段的開工，他們當然是歡迎啊！

不單牡丹鄉的鄉民，對道路懷有期待，連同台二十六線終點所在的台東縣達仁鄉，也是如此。這個同樣以排灣族為主要居民的小鄉，土地遼闊，在七〇年代時，曾以大批鄉青隨著榮工處到沙烏地阿拉伯蓋橋梁、挖地道，賺回大筆美金而聞名。然而，除了擁有獨特的排灣族文化、以及安朔溪出海口的美麗景觀外，達仁鄉別無其他自然資源，也因此，它對新道路所能帶來的種種「可能」，就格外嚮往；不僅少數民眾，已經有了興建民宿的構想，就連鄉長王光清，也在該鄉的網站上寫下：如能配合台二十六線公路開發，整建南田、安朔海岸觀光區等，本鄉的進步與繁榮，就應指日可待！

「但繁榮地方，真的只有蓋馬路一途？」屏東縣教師會生態教育中心的執行長朱玉璽，是連續幾次的抗議行動中，主要的角色之一。他黯然說道，以達仁鄉為例，這個向來寧靜的排灣族鄉村，都已經有了台九線、南迴公路以及南迴鐵路，「多一條公路，除了加速破壞它原始的自然之美外，又豈能讓更多人看到它的美好？這種說法，實在是自相矛盾。」

在「開發就是破壞」前提下，似乎所有人類的活動，都是對大自然的一種戕害。但親自走過一趟環保團體口中所謂的「台灣山與海最後、也是目前為止保留最完整的天然交界」——排灣族舊稱「阿朗伊」古道的旭海、安朔路段，似乎就能隱約知道，他們堅持的是些什麼？

原始之美——阿朗伊古道

頭一次由荒野協會的夥伴顏士傑陪同，一起進入阿朗伊古道的那天，由於先前我們花了幾個小時的時間，先走了一趟港仔與南仁之間、當年琉球古宮島民漂流所至的八瑤灣，即今天的九棚海岸，抵達古道的入口旭海村時，雖然一輪皓月高懸在銀色海面，月光皎潔得足以照亮前路，顏士傑卻還是建議，我們最好擇日再去。

等了幾天，好不容易等到天候和潮水都適合前往，第二次試圖穿越古道時，才知道那一天，顏士傑堅持折返的理由。

道路的初始，一切都看似頗為尋常；左右寬只能供一個人行走的草徑，低伏的莖脈，一不小心就會把人絆倒；在經過沿路的最後一戶人家後，草徑沒處，即是源自中央山脈尾端的乾溪。

夏末初秋，雨季結束不久，寬廣的河床，溪水流量還算穩定；但越過河床之後，只見在山與海之間，隨即展開了一大片鵝卵石遍布的沙灘。

「好美！」我在內心暗暗驚呼。只是美景雖美，我卻無福消受，因為一道道的海浪，鍥而不捨地湧上岸邊，旋即又退去。在接近古道第一個海岬——牡丹岬前，圓

26 阿朗伊古道上的南田石是玩石家最愛；惟撿一顆就少一顆，不如任其在海邊，逕自綻放自然之美(右上)。一群遊客乘坐吉普車，試圖穿越阿朗伊古道的破碎地形(右下)。

滾滾的鵝卵石被粗礪的頁岩取代。大片如巨石、小片碎裂堆積如山，行走其間，一個不小心，衣褲就會被割破。

但更大的挑戰還是，在近九十度的海崖與大海之間，經過幾次忽高忽低的攀爬，「道路」，尚能與海水維持二到三公尺的安全距離。然而到了古道的第二個海岬，阿朗伊古道最難行的山海關卡——觀音鼻時，先是一長段飽含水分的細沙灘，讓人猶如陷入沼澤般舉步維艱；好不容易通過，稱作「困難地形」的礫石坡，又無止盡地綿延眼前；最後，觀音鼻雖近在咫尺，但幾座少說也有三平方公尺的巨石，形成海蝕洞般的海崖，一道比一道更高的海浪，就自洞中衝了上去又退了下來。

「我數到一、二、三，喊跳，妳就趕快衝過去！」看我張口結舌、呆立原地，顏士傑以多年的荒野經驗，幫助我安然越過危險水域。據他說，這一小段路在漲潮時分，除了游泳外，幾乎別無他法可通過。

「安朔旭海國家步道」計畫

終於越過觀音鼻，冷冽的海風之中，回首高低起伏的來時路，想像就在同樣的路上，先是荷蘭人利用它前往東部採金；朱一貴、林爽文之亂時，清廷肅殺的追兵，紛紛繞道此徑；牡丹社事件後，古道被納入沈葆楨所奏請興建的南路；再加上之後英國海關關員、日本學者鳥居龍藏等，皆由此前往卑南考察；另原本居住在高屏溪下游的「馬卡道」平埔族，因不堪漢人壓迫，只好沿著古道往東部遷徙，突然間，心中百味雜陳的感觸，竟也像翻滾洶湧的海浪一樣，再難平息。

從起點旭海到觀音鼻，礙於潮水已開始漲高的關係，此番我們終究沒能抵達南田，便循原路折返。然而短短來回十公里的路，大約花了五個小時才完成。沿途，自然海岸林、灌木叢、珊瑚礁、南田石海灘、鵝卵石海岸，和沙灘、河口及沼澤地等自然景觀，像本活生生的書一樣，在我們面前依次展開，更別提在歷史的更迭中，它曾有那麼多來自不同的時空步履，先後在其上留下足跡。

「所以像這樣一條人文歷史與自然資源兼具的道路，我們能夠坐視它消失嗎？如果答案是『是』的話，那麼這幾年台灣一直強調的『永續發展』，就是講假的！」

得知我親身走過古道，屏東縣教師會生

㉖ 阿朗伊古道沿岸常見來自印尼、韓國及大陸等地垃圾，足見「環保」是無國界議題（上圖）。古道坡度可達七十度（右上）。車城老街上的福安宮，是全台最大的土地公廟（右下）。

態教育中心執行長朱玉璽，雖然強調自己經歷過幾次護路的重大挫折後，已不再激動，但透過他的語氣，還是可以讓人感受到他愛惜土地的那份溫熱。

事實上，除了朱玉璽外，屏東科技大學野生動物保育系的裴家騏教授，也曾在論文中指出：恆春半島以北既有的南迴鐵路、南迴公路、199號和200號縣道，已經造成嚴重的環境切割效果，導致墾丁地區在過去四十年間，十七種較大型原生哺乳動物中，有七種瀕臨滅絕，三種可能即將滅絕的嚴重情況。

上述四條道路的負面衝擊，已是難以彌補了，若是連台二十六線也堅持一定要貫通東部海岸，無疑是對半島上自然資源的衰退現象，雪上加霜。

「其實環保團體並非反對地方的發展，只是，若發展的方向是藉由扼殺賴以生存的環境，那種發展也就太短視、太殺雞取卵了。」朱玉璽最後表示，為了讓當局與當地居民明白，環保團體的抗爭並非無的放矢，他們還特別提出成立「安朔旭海國家步道」的說帖，希望能獲得各方支持。

戰爭的落幕

所謂的安朔旭海國家步道，主要是希望透過國家步道的設置，留住最後的自然海岸線，保護全台僅存未被公路「穿腸破肚」的原始海岸林之餘，也期待扭轉過往開發至上的觀念，以讓世世代代的子孫，還有體驗台灣原初山海魅力的機會。

但截至目前為止，環保團體的努力，只得到公路局改變路線的回應。公路局雖然承諾，會儘量以隧道取代沿海道路，卻還是不免會破壞海岸林的林相。

就在結束採訪的前幾天，我特別再次轉往南田、安朔路段的施工現場；只見在第一與第二標的工地上，怪手、推土機與其他的機具林立；而為了趕上先前被環保團體所「耽誤」的進度，儘管大雨滂沱、遍地泥濘，工程人員卻仍在風雨之中，不懈地繼續整地。

一條前後拖過至少二十年的道路，在各方的角力之下，終於要畫下一個圓。只是補上這個缺口是否就是功德圓滿？還是當未竟之路的完成，是以破壞台灣最後一段完整的海岸線為代價，一個更大的遺憾、或者說是傷口，其實已隱隱留下？

從半島的東岸回到西岸的路上時，落山風已間歇吹起。風停的片刻，一群群南下過冬的黃頭鷺，還有幾隻早到的國慶鳥赤腹鷹等，在被吹得一片潔淨的天空中，靜靜地飛翔、盤旋。

面對此情此景，莫怪有人說恆春半島的美，美在海洋、美在森林，也美在天空。只是，如果生態保育的意義與意識，始終不能全面深植人心，開發永遠強過一切，這份美，恐怕也美得脆弱，美得不知道有沒有明天。

驅車離開半島之前，衝著熱帶情調而來的人潮雖歇；前往賞鳥的鳥友，卻陸續進駐。想像這牡丹之役的歷史現場，如今的另一場生態戰爭，也隨著動工決定的拍板定案，即將告一段落。歷史的巨輪一直向前推進，卻不知道在過程中，我們所選擇的，是不是一條真正進步的道路。

㉖ 入夜的鵝鑾鼻燈塔，一百八十萬支燭光的亮度，可照亮半徑二十七浬的海面。然而，在環保與開發爭議間，它能否也為當地照出一條明路？

恆春半島

島嶼的最南端，南部濱海公路台二十六線在半島迤邐，
國家公園的生態瑰寶、南灣海灘的夏日遊人，在此譜寫出南台灣的悠閒樂章……

鵝鑾鼻 21°53′51″N 120°51′44″E/914m

恆春半島上、台灣最南端的鵝鑾鼻半島，為地殼抬升後形成的珊瑚礁石
灰岩台地。地質生態景觀，是墾丁國家公園與恆春海岸的自然瑰寶。

恆春半島位於台灣本島的最南端，此地東望太平洋，西瀕台灣海峽，南對巴士海峽，北邊則為陸地延伸。

恆春半島的形成，可溯至距今兩千三百萬至五百三十餘萬年前。原為南中國海北側的大陸斜坡，因來自陸地的沉積物逐漸堆積形成陸棚三角洲，其後因南中國海所在歐亞陸板塊前緣往菲律賓海板塊下傾，造成兩板塊聚合的隱沒帶前緣岩體受擠壓而逐漸增高，當岩體升出水面後，在周圍海域開始形成珊瑚礁，其後珊瑚礁又被抬升形成珊瑚礁階地；如此即構成恆春半島海岸的基本地質結構。

恆春半島的海岸地形，大略可以東岸屏東縣滿州鄉的出風鼻為分野，出風鼻以上多為沙灘、沙丘等平直地形，出風鼻以下到西岸的楓港，則是珊瑚礁發達地區。海岸依地理位置可切分為三：楓港至貓鼻頭、貓鼻頭至鵝鑾鼻、鵝鑾鼻至九棚。

楓港為一沖積三角洲，沿岸海階地形發達，由楓港往南至海口，海岸地質表層為珊瑚礁，其下以砂頁岩與泥頁岩為主。保力溪口因沿岸海流漂移的堆積作用，形成沿岸發育的沙洲地形。後灣是恆春半島西岸連續珊瑚礁的北界，往上是綿延的沙灘，往下則是珊瑚礁地形。

介於貓鼻頭與鵝鑾鼻之間的南灣，陸域組成為珊瑚礁石灰岩台地，由陸域向海岸延伸的地形高度依次遞降，分為公園地形

墾丁南灣
21°57′36"N 120°45′57"E／914m

墾丁南灣，是南台灣水上活動勝地。地方為爭取更多商機逕行開發，工程汙泥總隨雨沖刷入海，是沿海生態揮之不去的夢魘。

面、籠仔埔地形面、埔頂地形面及墾丁地形面四種。

貓鼻頭為台灣海峽與巴士海峽分界，此地長期受海浪侵蝕等作用力影響，呈現海蝕平台、海蝕溝、珊瑚礁壺穴等多樣奇特地形。鵝鑾鼻為一由海底隆起的珊瑚礁台地，區域內的鵝鑾鼻公園，周圍有裙礁環繞，海岸同樣呈現出多樣海蝕地形風貌。

鵝鑾鼻半島東岸地形，主要以孤立山峰、崩崖、隆起的珊瑚礁台地、裙礁、石灰岩洞等為特色。龍坑一帶裙礁發達，隔陡坡、懸崖與海岸相鄰的珊瑚礁台地，因海蝕及營力作用崩落，形成直逼海岸的崩崖景觀。風吹沙因地質構成為紅土與沙，經雨水及風力的長期沖刷侵蝕，形成與鄰近珊瑚礁岩海岸迥異的沙丘地形。佳樂水屬砂頁岩地層，因砂岩與頁岩硬度比不同，在長期受強風海浪吹蝕下，二者產生差別性侵蝕，發展出以風化砂岩及海蝕地形為主的地質，綿延近三公里的海岸，可見棋盤石、蜂窩岩等外觀奇特的岩體。出風鼻至九棚，珊瑚礁漸少，而以沙丘較常見，在單向盛行風的作用下，形成典型新月形沙丘海岸。

多變的海岸儼如地質教室，區域內並有台灣首座國家公園——墾丁國家公園；獨特的地理景觀，結合國家公園區域規畫，融休閒觀光、生態保育與環境教育於一身的恆春半島，每年總吸引無數人潮。

安朔溪口
22°17′37″N 120°52′57″E/762m

安朔溪的出海口，位在台東縣達仁鄉境內，此地是恆春半島東岸的北界一帶。平直綿延、無明顯獨立礁石的沙灘為其海岸特色。

【圖片索引】

國家圖書館出版品預行編目資料

台灣脈動：省道的逐夢與築路/陳世慧、林日揚、蔡文村、齊柏林、劉衍逸、
蕭耀華等著. ── 初版 ──
臺北市：經典雜誌，財團法人慈濟傳播人文志業基金會，2008.04
288面：20*27公分
含索引
ISBN 978-986-83618-5-0（精裝）

1.公路 2.國道 3.旅遊地圖 4.台灣

557.38339   97003260

台灣脈動 省道的逐夢與築路

撰　　　文／陳世慧、林日揚、蔡文村等
攝　　　影／齊柏林、劉衍逸、蕭耀華等

發 行 人／王端正
總 編 輯／王志宏
責任主編／黃同弘
文字編輯／陳世慧、田哲榮
圖片主編／杜志剛
影像處理／劉衍逸
美術指導／邱金俊
美術編輯／蔡雅君
地圖構成／林霖、陳玟仰、林楷亞
圖片資料編輯／葉怡君
校對志工／游碧霞、劉屹峰
出 版 者／經典雜誌
　　　　　財團法人慈濟傳播人文志業基金會
地　　　址／台北市北投區立德路2號
電　　　話／02-28989991
劃撥帳號／19924552
戶　　　名／經典雜誌
製版印刷／禹利電子分色有限公司
經 銷 商／聯經出版事業股份有限公司
地　　　址／台北縣新店市寶橋路235巷6弄5號7樓
電　　　話／02-2913-3656 分機229
出版日期／2008年4月初版
　　　　　2008年11月初版二刷
定　　　價／新台幣1200元

ISBN：978-986-83618-5-0